Spiele für die Klassenfahrt

Edition Psychologie und Pädagogik

Irene Flemming

Spiele für die Klassenfahrt

mit Grundschulkindern

Matthias-Grünewald-Verlag · Mainz

Illustrationen von Heidrun Schwark

Die Deutsche Bibliothek – CIP-Einheitsaufnahme

Flemming, Irene:
Spiele für die Klassenfahrt mit Grundschulkindern / Irene
Flemming. – Mainz : Matthias-Grünewald-Verl., 1996
   (Edition Psychologie und Pädagogik)
   ISBN 3-7867-1962-4

Umschlag: Harun Kloppe, Mainz, unter Verwendung einer Zeichnung von Heidrun Schwark
Druck und Bindung: Wagner, Nördlingen

ISBN 3-7867-1962-4

SPIELE FÜR DIE KLASSEN-FAHRT

Klassenfahrt ist angesagt! Die Kinder jubeln, die Eltern sorgen sich, und die Lehrerin? Sie wäre froh, wenn die ganze Angelegenheit schon vorüber wäre! Denn die Klasse benimmt sich wie ein Sack voller Flöhe, den man aufgebunden hat. Sicher wird sie mit der Rasselbande unangenehm auffallen. Bestimmt gibt es Streitereien unter den Kindern. Eventuell passiert etwas unterwegs. Was tun, um die Nerven zu behalten? Was machen, damit alles einigermaßen ruhig abläuft? Was anstellen, wenn Wartezeiten entstehen? Wie die Klassenfahrt gestalten, daß sie für alle ein Erlebnis wird, an das man gerne zurückdenkt? Hier gibt es nur eine Antwort: Spielen, spielen, spielen.

Ein Thema wählen

Schon bei der Vorbereitung kann es beginnen. Wir machen nicht einfach eine Klassenfahrt, sondern stellen die Reise unter ein Thema. Wird es eine Zooreise? Dann beziehen sich die Spiele und Aktionen auf exotische Tiere. Wir fahren zum Beispiel mit dem Elefantenexpreß, unterwegs gibt es Bärenwaffeln, wir trinken Nilpferdbrause und spielen das Affenspiel …
Oder geht es um das Kennenlernen einer Stadt? Dann unternehmen wir vielleicht eine Reise ins Mittelalter. Die ganze Fahrt über wird nur „mittelalterlich" gesprochen, es werden Rollen verteilt (mit ein paar Verkleidungsstücken) und aus dem Apfelsaft wird Met.

Im Heim benennen wir die Zimmer im Sinne des Themas – als Affenkäfig und Löwenzwinger, als Bergfried oder Torhaus. Selbst die Heimeltern bekommen eine Rolle.

Noch leichter sind Spiele auf das Thema abzustimmen. Ein Goldsucherspiel im Wald hat es auf den Schatz des Burggespenstes abgesehen, und beim Geländespiel sind die Tierfänger für den Zoo unterwegs.

Werden die Kinder in solche Fantasiewelten eingebunden, nehmen sie Ordnungsformen bereitwilliger an. Neue Spielregeln, auch für den Umgang miteinander, sind interessanter als alte, die man schon viel zu oft gehört hat.

Unsere Ziele

Viele Schulanfänger sind auf der Klassenfahrt zum ersten Mal ohne die Eltern unterwegs. Schon eine Tagesfahrt ist aufregend genug: in einen Freizeitpark oder in ein Waldgebiet, zum Zoo oder zu einer alten Burg. Am Ende steht ein Picknick, das die Eltern am Zielort vorbereitet haben.

Noch aufregender ist für unsere älteren Klassen die Nacht in einer fremden Umgebung. Damit kein Heimweh aufkommt, genügt es völlig, wenn sie nur einmal an einem fremden Ort schlafen.

Zum Eingewöhnen für die dritten Schuljahre kann man eine Übernachtung in der Jugendherberge am eigenen Ort planen. Die meisten Kinder werden sie nicht kennen, und wenn man vorher eine kleine Wanderung mit Rucksack dorthin macht, hat das den gleichen Effekt wie eine weite Fahrt.

Das vierte Schuljahr mag schon gerne etwas länger unterwegs sein, aber auch hier genügen drei Tage, die man im Landschulheim verbringt oder in einer nicht zu großen Jugendherberge. Gut geeignet sind Häuser, in denen wir mit unserer Klasse – vielleicht mit einer Parallelklasse zusammen – allein sein können. Dann gibt es nicht so leicht Ärger mit anderen, denen man vielleicht ins Gehege kommt, und alles ist übersichtlicher.

Kindern aus der Stadt sollten wir unbedingt Naturerlebnisse vermitteln. Sie müssen mit Wald und Wiese in Berührung kommen, um Grunderfahrungen zu machen. Anders die Landkinder: Für sie sind städtische Einrichtungen wie große Bahnhöfe, Schwimmbäder und Museen beeindruckend.

Lauter Probleme

An was man nicht alles denken muß!

Sicher müssen wir vor der Fahrt einen Elternabend veranstalten. Die Eltern können dann all ihre Sorgen äußern. Sie werden genau wissen wollen, wohin wir fahren, wie die Kinder übernachten, wieviele Betreuer dabei sind, welches Programm geplant ist. Sie werden befürchten, daß ihr Kind sich erkältet oder nicht genug Schlaf bekommt. Es soll Eltern geben, die fahren aus lauter Sorge hinter dem Bus her! Hier hilft eine Telefonkette: Die Lehrerin verspricht, täglich zwei Eltern anzurufen, und diese rufen andere Eltern an und so weiter in einer Kette, bis jeder Bescheid weiß. Das ist günstiger, als wenn die Kinder selbst telefonieren, weil es dann eventuell Tränen und Heimweh gibt.

Beim Elternabend werben wir gleich einige Helfer. Vielleicht gibt es jemanden, der mitfahren kann, aber auch für die Organisation haben Eltern manchmal bessere Beziehungen oder besonders gute Ideen. Vielleicht müssen Fahrgemeinschaften gebildet werden, um die Kinder vom Bus abzuholen, oder es gibt ein paar Mütter, die den Picknickkorb vorbereiten.

Damit nichts vergessen wird, bekommen die Eltern eine Liste mit all den Dingen, welche die Kinder mitnehmen sollen. Wir denken an Regenzeug und Gummistiefel, an Ersatzstrümpfe und einen warmen Pulli (zum Beispiel für die Nachtwanderung), und jedes Kind darf ein Brettspiel für die Freispielphasen mitbringen.

Oft ist das Taschengeld ein Problem, weil die Summe sehr unterschiedlich bemessen wird. Vielleicht einigen wir uns auf einen bestimmten Satz, der für alle gilt. Meistens ist ja für alles Nötige gesorgt, aber die Kinder wollen vielleicht eine Ansichtskarte kaufen oder irgend einen Schnickschnack, der ihnen Freude macht. Die Lehrerin könnte das vorher eingesammelte Taschengeld täglich in Raten auszahlen, damit nicht alles auf einmal ausgegeben wird. Aber gewöhnlich sind die Kinder viel vernünftiger, als die Erwachsenen meinen. Auch Süßigkeiten könnte die Lehrerin an alle Kinder verteilen, wenn die Eltern vorher etwas spenden. Das ist besser, als wenn das eine Kind den halben Koffer voll Schokoladenriegel hat und ein anderes überhaupt nichts.

Manche Kinder leiden unter Allergien. Es ist wichtig zu wissen, mit welchen Stoffen sie nicht in Berührung kommen dürfen. Und wer Medikamente braucht, gibt sie mit dem Verordnungszettel bei der Lehrerin ab.

Vielleicht haben wir Diabetiker in der Klasse. Brauchen sie Medikamente? Müssen sie gespritzt werden? Was dürfen sie essen?

Einigen Kindern wird beim Busfahren schlecht. Es hilft ein „Riechfläschchen", das japanisches Heilöl enthält. Das regt zum Durchatmen an. Außerdem sorgen wir für Pausen mit frischer Luft, und diese empfindlichen

8

Kinder dürfen im Bus vorne sitzen. Sicherheitshalber steht ein Eimerchen mit Deckel bereit oder eine verschließbare Plastikdose, das ist besser als eine Tüte, die man erst auseinanderfalten muß.

Kinder, die es gewöhnt sind, viel zu trinken, werden ständig Durst haben. Aber die Limonade im Automaten ist teuer, oder es gibt im Heim solche Getränke gar nicht, vor allem keine Cola. Hier könnte man sich mit Vitamin-Brausetabletten helfen. Unser Leitungswasser ist ja trinkbar, und einen Zahnputzbecher haben wir dabei.

Wer ohne sein Kuscheltier nicht schlafen kann, der soll es unbedingt mitbringen. Es wird über kleine Einsamkeiten oder Enttäuschungen hinweghelfen. Niemand braucht sich zu schämen oder klein zu fühlen, wenn wir veranlassen, daß jeder ein Stofftier mitbringt, weil wir es auch für Spiele brauchen.

Auf der Fahrt

Die erste Hürde ist die Fahrt, die uns an unser Ziel bringt. Es ist nötig, daß die Kinder auf den Plätzen sitzen bleiben. Hier stoßen zwei Tendenzen hart aufeinander: Die Kinder wollen ihrer Erregung Luft machen und haben einen starken Bewegungsdrang, die Lehrerin dagegen muß für Ruhe sorgen und verlangt das Sitzenbleiben, schon aus Sicherheitsgründen. Aus diesem Dilemma können eigentlich nur Spiele helfen.

Wir brauchen Spiele, bei denen die Kinder sitzenbleiben können, und wir müssen berücksichtigen, daß man sich wegen der Fahrgeräusche nicht gut verständigen kann.

Bewährt haben sich Singspiele, zu denen man mit Händen und Füßen Bewegungen macht. Eine Lehrerin hat einmal für jedes Kind einen kleinen Vers gedichtet. Den langen Refrain sangen alle gemeinsam. Ehe nun jedes Kind an der Reihe war, hatten die Kinder die meiste Kraft bereits umgesetzt, und die halbe Fahrtstrecke war schon geschafft.

Für unterwegs bereiten wir Papptafeln vor, damit die Kinder etwas aufschreiben oder ankreuzen können. Es gibt eine ganze Reihe von Spielen, die man mit Papier und Bleistift spielen kann, wenn zwei nebeneinander sitzen.

Wir können auch etwas mit vorbereiteten Kassetten anfangen, die der Busfahrer über seinen Lautsprecher abspielt. Witze läßt man lieber nicht erzählen – wer weiß, aus welchen Abgründen sie auftauchen!

Draußen in Wald und Feld

Nicht immer machen Wanderungen Spaß, schon beim Gedanken daran graust es manchen Kindern. Denn viele Schüler sind heutzutage fußkrank, und das Durchhaltevermögen ist gering.

Ein langer Weg, den man vor sich sieht, läßt den Mut sinken. Wollen wir wirklich wandern, muß die Strecke abwechslungsreich sein und in Abschnitte unterteilt werden, und in den Pausen lockt immer eine kleine Überraschung – das kann ein Spiel sein. Oder wir machen eine Renn-Wanderung: Lauter kurze Strecken werden in schnellem Lauf zurückgelegt, danach gibt es eine Sitzpause. Kinder erholen sich schnell. Sicher kennen Sie noch die alten Sprechverse für lange Wege: „Ein Hut, ein Stock, ein Regenschirm …" mit denen man sich bei Laune und die Füße am Marschieren hält. Die gesamte Wanderung könnte ein Suchspiel sein, oder wir verteilen Sammelaufgaben. Überhaupt bringt ein Geländespiel ebensoviel Bewegung wie eine lange Wanderung, für die unsere Grundschulkinder noch gar nicht die Voraussetzungen mitbringen.

Eine Bergwiese lädt zum Herunterrollen ein, ein Bach zum Springen, ein umgestürzter Baumstamm zum Balancieren, herumliegende Äste zum Darübersteigen. Ein Naturgelände bietet die unterschiedlichsten Bewegungsanreize, die man gar nicht hoch genug einschätzen kann.

Unterwegs wollen wir die Kinder vielleicht auf bestimmte Bäume aufmerksam machen, oder sie sollen überhaupt die Augen für Naturschönheiten offenhalten. Nun sind Kinder darin anders als Erwachsene. Das stille Betrachten liegt ihnen nicht, dafür erfahren sie gerne etwas handelnd. Also lassen wir sie suchen und sammeln, sie dürfen aus Naturmaterialien etwas legen oder bauen, sie dürfen die Bäume als Ruheplätze bei einem Fangspiel benutzen, sie dürfen sich unter Büschen verstecken und durch knackendes Unterholz schleichen. Auch dabei erfahren sie Wald, selbst wenn sie am Schluß immer noch nicht Tanne von Fichte unterscheiden können.

Wald und Feld und Wiese geben uns wiederum die Möglichkeit, Aktionen für unser Thema zu starten. Wir sind Tierfänger für den Zoo auf der Suche nach dem seltenen „Ohrenbären", oder in der Burgruine wird der Schatz des Ritters Kuno ausgegraben. Als Indianer müssen sich alle einen Unterstand aus Zweigen bauen, immer jede Zimmergemeinschaft einen.

Im Heim

Heimaufenthalte bieten ein eigenes Erfahrungsfeld. Die Kinder können hier in Bereichen etwas lernen, für die in der Schule viel zu wenig Zeit ist. Dazu rechnet vor allem der soziale Bereich. Und in diesen Bereich wiederum gehört das Spiel. Im Spiel lernen die Kinder miteinander umzugehen, und manchmal lernen sie ihre Klassenkameraden erst hier richtig kennen.

Jedes Heim wird über einen größeren Gruppenraum verfügen, mindestens über einen Eßraum, bei dem man die Tische an die Seite schieben darf. Hier können wir Spiele im Stuhlkreis machen. Dabei darf es hoch hergehen, aber auch leisere Spiele kommen an.

Nicht immer müssen wir im Raum bleiben. Es gibt Such- und Sammelspiele, bei denen die Kinder durch das ganze Haus laufen dürfen, falls sie dabei nicht andere Gruppen oder das Personal stören.

Besonders für den letzten Abend sind darstellende Spiele beliebt, bei denen man etwas vorführt. Daraus läßt sich ein Programm zusammenstellen, bei dem jeder Schüler einmal mitwirkt. Wenn in Kleingruppen, zum Beispiel zimmerweise, etwas geübt werden soll, sind die Kinder einen halben Tag lang beschäftigt.

Unruhige Nächte

Die Nacht ist nicht nur zum Schlafen da, finden die Kinder. Die fremde Umgebung ist aufregend, die Klassenkameraden im Nachtzeug sehen komisch aus, das Bett ist ungewohnt – da wird gekichert, erzählt, herumgehüpft, gekreischt, mit Taschenlampen gefunzelt und gegeistert – möglichst die ganze Nacht. Manche schleichen über den Flur und überfallen die anderen im Zimmer, und wer schon eingeschlafen war, wird wieder aufgeweckt.

Am besten binden wir solche Nachtabenteuer in Spiele ein. Wie wäre es mit einer Polonaise in Schlafanzügen, bei der man nach und nach alle Bewohner aus den Zimmern abholt und anschließend wieder zurückbegleitet? Wie wäre es mit einem Gute-Nacht-Tanzspiel? Wie wäre es mit einer Modenschau für Nachtwäsche?

Es könnten alle Kinder noch einmal im Gruppenraum zusammenkommen zu einem „Lagerfeuer" aus Teelichtern. Hier werden Schlaf- und Traumgeschichten erzählt, die bei den älteren Kindern ruhig ein bißchen gruselig sein dürfen. Damit niemand friert, legt sich jeder seine Schlafdecke um die Schultern.

Aber was könnte aufregender sein als eine Nachtwanderung! Sie findet bald nach dem Abendessen statt, aber es sollte wirklich draußen dunkel sein.

Wir könnten das kleine Gespenst besuchen, das in der Feldscheune wohnt – es ist freundlich und verteilt Schokoküsse.

Unsere Jüngsten haben es gerne, wenn die Lehrerin ihnen lieb Gute Nacht sagt. Dazu müssen dann alle schon im Bett liegen. Sie geht von Zimmer zu Zimmer und kontrolliert, ob auch die Kuscheltiere alle gut untergebracht sind. Sie kann mit den Kuscheltieren reden – vielleicht antworten diese sogar.

Pausenzeiten

Es ist anstrengend, ständig mit vielen Menschen zusammenzusein, besonders für Kinder, die etwas ruhiger sind und ohne Geschwister aufwachsen. Deshalb planen wir Pausenzeiten ein, in denen die Kinder ruhen dürfen oder selbst entscheiden, ob oder was sie machen oder spielen möchten. Der Lehrerin tun solche Pausen ebenfalls gut.

Für das selbstgewählte Spiel haben wir ein paar Würfel oder Quartettkarten dabei, wir zeigen den Kindern das Tischtennisspiel im Keller, oder sie dürfen draußen Fußball spielen oder seilspringen. Wir werden ausgeglichenere Kinder haben, wenn wir sie nicht von morgens bis abends gängeln. Besonders anregend für solche Phasen sind kleine Waldstücke in der Nähe des Heimes oder eine Wiese. Die Lehrerin wird staunen, was die Kinder alles von allein anzufangen wissen.

Unvergeßliche Erlebnisse

Wer sich an die eigene Schulzeit erinnert, wird kaum noch wissen, wie die Mathestunden abliefen. Aber die Klassenfahrten, die hat man noch recht gut im Gedächtnis. Das liegt einmal daran, daß diese Erlebnisse aus dem alltäglichen Rahmen fielen, hat aber auch zu tun mit den Bedürfnissen der Kinder, die bei Klassenfahrten eher gestillt werden als im normalen Unterricht. Kinder bewegen sich gerne, aber sie sind auch freiheitsdurstig. Deshalb kommt ihnen ein Geländespiel mehr entgegen als eine angeleitete Turnstunde. Kinder erfahren gerne etwas Neues, aber sie müssen es sinnlich erfahren dürfen. Deshalb ist ein Gang durch den Wald besser als der Biologieunterricht mit Bildern. Kinder brauchen andere Kinder – darum finden sie es so interessant, mal mit der Klasse irgendwo zu übernachten.

Kaum eine andere Aktivität ist dazu geeignet, so günstig auf die Klassengemeinschaft zu wirken, denn das gemeinsame Erlebnis verbindet viel mehr als ein ganzes Jahr normaler Schultage. Nirgends kommen die Kinder sich so nahe wie bei einer Klassenfahrt, nirgends lernen wir die Kinder besser kennen.

Der Kinder wegen lohnt es sich, alle Strapazen einer

Klassenfahrt auf sich zu nehmen. Es wird schon alles klappen, wenn wir das Spielen in unsere Planungen einbeziehen.

Ein Koffer für alle Fälle

Daß ein Heimleiter alles bereithält, was wir eventuell für unsere Spielaktionen brauchen, dürfen wir nicht erwarten. Deshalb packen wir einen Koffer, einerseits mit den Materialien für geplante Spiele und Aktionen, andererseits aber auch mit Dingen, die man in nicht vorhergesehenen Fällen zum Spielen brauchen könnte.

Dazu gehören mehrere Würfel, Spielsteine, einige Kartenspiele, Bleistifte, Kartonblätter, Wäscheklammern zum Befestigen verschiedenster Dinge, ein aufblasbarer Ball, Schnur von verschiedener Stärke, Klebefilm, ein Satz Scheren, mehrere Tuben Klebstoff, alte Zeitungen.

Zwei alte Bettlaken geben die Bildfläche für ein primitives Schattentheater ab, und die alte Schreibtischlampe wird unsere Lichtquelle dafür sein. Sie kann aber auch zum Vorlesen bei schummriger Beleuchtung dienen. Sicherheitshalber stecken wir noch eine Verlängerungsschnur ein.

Bei Übernachtungen wird zum Gespenstern Schleierstoff oder Gardinenstore gebraucht, und wir benötigen viele Teelichter oder Kerzen, die Streichhölzer nicht zu vergessen. Mindestens eine Taschenlampe stecken wir ein, dazu die Ersatzbatterie.

Vielleicht sind einfache Geräuschinstrumente nützlich, ebenfalls eine Flöte. Das Geschichtenbuch wollen wir nicht vergessen und auch nicht das Heft mit den Wanderliedern.

Da in Einrichtungen gewöhnlich alle Medien defekt sind, nehmen wir auch noch einen Kassettenrecorder mit, denn die Nachtgespenster brauchen Musik zum Tanzen.

Zu diesem Buch

Um einer Lehrerin die Vorbereitung auf eine Klassenfahrt zu erleichtern und schon ein paar brauchbare Spielideen in die Hand zu geben, habe ich dieses kleine Buch zusammengestellt.

Sie finden zunächst **Spiele für unterwegs** – für die Bus- oder Bahnfahrt, wo die Kinder besonders aufgeregt sind.

Dann gibt es **Spiele im Heim**, die man im Stuhlkreis spielen kann oder im ganzen Hause. Besonders bei schlechtem Wetter können sie uns eine Hilfe sein, aber auch an den Abenden.

Das nächste Kapitel bringt **Spiele in Wald und Feld**, bei denen die Kinder die natürliche Umwelt intensiv erfahren können, bei denen sie sich frei bewegen und austoben dürfen, aber auch mal aufmerksam etwas betrachten, etwas suchen und finden sollen.

Schließlich müssen wir an die unruhigen Nächte denken mit **Spiele im Dunkeln**. Nachtwanderungen mit spielerischem Inhalt sind hier zu finden sowie spannende Aktionen in den Schlafräumen und Fluren, aber auch Spiele, bei denen die Kinder still werden können.

Als Ergänzung empfehle ich die anderen Bändchen dieser Reihe: Sprech-Mal-Schreibspiele, Spiele mit viel Bewegung, Darstellende Spiele, Kooperative Spiele, Wahrnehmungsspiele und Ruhige Spiele.

SPIELE FÜR UNTERWEGS

BRIEFE SCHICKEN

Kontaktspiel
Ort: Bus, Bahn
Dauer: Etwa 15 Minuten
Eignung: Kinder ab 9 Jahren; Gruppen von Klassenstärke

Beschreibung des Spiels

Die Lehrerin hat kleine Umschläge vorbereitet, auf denen die Vor- und Nachnamen der Kinder aus der Klasse stehen. Jeder zieht so einen Umschlag, und nun sollen die Briefe so lange von Sitz zu Sitz weitergegeben werden (auf der rechten Seite des Mittelganges nach vorn, auf der linken Seite nach hinten), bis sie den richtigen Empfänger erreicht haben. Wichtigste Regel: Es darf niemand dabei aufstehen!

Variation

Statt der leeren Briefumschläge sind es aufgeklebte Bilder auf Karten, die man vorher in der Klasse herstellen kann. Die Empfänger dürfen sie behalten.

Hilfsmittel für die Durchführung

Briefumschläge mit den Namen der Teilnehmer oder Bildkarten.

Pädagogische Hinweise

Es ist wichtig, daß die Kinder bei dieser Aktion auf den Plätzen sitzen bleiben. Sie müssen eine Technik entwickeln, wie man trotzdem die Briefe oder Karten herumgeben kann.

Durch das Weiterreichen der Umschläge muß man immer wieder die Namen lesen, dadurch prägen sie sich ein. Denn oft kennen die Kinder nur die Vornamen der Mitschüler.

FALSCHE LANDKARTE

Wahrnehmungsspiel, Suchspiel
Ort: Bus, Bahn
Dauer: Etwa 15 Minuten
Eignung: Kinder ab 9 Jahren; kleine freiwillige Gruppen, Spielpartner

Beschreibung des Spiels

Es arbeiten immer zwei nebeneinander sitzende Kinder zusammen. Jedes Paar erhält eine Zeichnung mit einem bestimmten Teil der Fahrtroute. Es sind die Orte eingezeichnet, durch die wir fahren, dazu Besonderheiten wie eine Windmühle, ein See, ein Wald. Dabei stimmt aber nicht alles: Die Windmühle steht zum Beispiel in A-dorf und nicht in B-dorf, einen See gibt es nicht, und ein Ort wurde vergessen … Die Kinder sol-

len die Strecke aufmerksam verfolgen, Fehler finden und berichtigen. Am Ende der Fahrt werden die Zettel ausgewertet.

Variation
Für Kinder, die noch nicht lesen können, zeichnen wir eine Liste von Bildern, wie sie unterwegs vorkommen: Ein Fichtenwald, ein Autobahnschild, ein dicker Kirchturm, ein Teich mit Enten, eine Brücke, ein Fabrikschornstein … Alles, was vorkommt, soll angekreuzt werden.

Hilfsmittel für die Durchführung
Für je zwei Kinder eine Pappunterlage und ein Stift, dazu eine Zeichnung von der Fahrtroute mit eingebauten Fehlern; für die Variation statt der Zeichnung eine Liste von Abbildungen, wie sie am Wegrand zu sehen sind.

Pädagogische Hinweise
Da im Bus nicht alle Kinder am Fenster sitzen, arbeiten zwei Kinder zusammen: Einer beobachtet, der andere schreibt. Zu beachten ist, daß die Passagiere auf der linken Seite etwas anderes sehen als die auf der rechten!

FINGERTACKELN

Fingerspiel; Reaktionsspiel
Ort: Bus, aber auch Klassenraum mit Tischen
Dauer: Beliebig, ein Durchgang ca. 5 Minuten
Eignung: Kinder ab 5 Jahren; Gruppen bis zu Klassenstärke

Beschreibung des Spiels
Die Kinder sitzen im Bus auf den Sitzen und sollen die Lehne des Vordermanns als Trommelfläche benutzen (im Klassenraum die Tischfläche). Die Spielleiterin sagt die verschiedenen Trommelarten an, die so lange ausgeführt werden, bis sie eine neue Art ankündigt.
Fingertackeln: Es wird abwechselnd mit allen zehn Fingern getrommelt
Rechts-links: Nacheinander mit den Fingerspitzen der rechten und der linken Hand klopfen

Dreier: Je dreimal mit den Fingerspitzen der rechten, dann mit der linken Hand klopfen
Knöchel: Mit den Fingerknöcheln abwechselnd rechts und links klopfen
Feuer: Beide Arme hochheben und alle zehn Finger bewegen

Variation
Die Spielleiterin sagt vor jedem Kommando „und": „Und Fingertackeln"- „Und Knöchel" – „Und Dreier". Läßt sie jedoch das „Und" weg, darf das neue Kommando nicht ausgeführt werden.

Hilfsmittel für die Durchführung
Keine, eventuell das Mikrofon im Bus.

Pädagogische Hinweise
Weil nur leise geklopft wird, entsteht nicht zu viel Krach, aber der Rhythmus teilt sich durch den Sitz auch dem Rücken des Vordermanns mit. Das ist ein zusätzlicher Reiz. Die einzelnen Kommandos müssen zuerst eingeübt werden, damit alle Bescheid wissen. „Feuer" wird laut wiederholt, so daß die Kinder sich neben der verhaltenen Bewegung auch einmal mit voller Kraft äußern dürfen. Die Variation sollte man erst dann spielen, wenn alles gut eingeübt ist.

HERR MEIER TAUSCHT SOCKEN

Schreibspiel
Ort: Autobus, fahrendes Auto
Dauer: Beliebig, ca. 15 Minuten
Eignung: Kinder ab 9 Jahren; mehrere Paare

Beschreibung des Spiels

Alle Spielpaare haben eine Pappunterlage zum Schreiben und Papier und Stift. Ein Kind, das ganz vorne sitzt, darf über Lautsprecher die Kennzeichen der überholenden oder entgegenkommenden Autos ansagen, aber nur die Buchstaben. Diese Kombinationen werden auf dem Zettel untereinander notiert, bis man etwa zwölf zusammen hat. Dabei ist es wichtig, die Zeit zum Aufschreiben nicht zu kurz zu bemessen.

Jetzt sollen die Kinder die Zeichen als Anfangsbuchstaben für Wörter benutzen, die einen einigermaßen sinnvollen Satz ergeben. Beispiel: DO NM: „Die Oma nascht Marzipan", HM TS: „Herr Meier tauscht Socken", WAF KL: „Wir arbeiten für komische Lehrer". Wenn alle Kinder fertig sind, werden die Zettel von der Spielleiterin eingesammelt und später im Heim vorgelesen.

Variation

Aus der Kombination sollen nur zwei Wörter gemacht werden. Dazu dürfen die Kinder beliebig viele Buchstaben nach freier Wahl dazusetzen. Beispiel: DO NM = doofer Name, HM TS = himmlische Tasse, WAF KL = Waffen-Klauer.

Hilfsmittel für die Durchführung

Für jedes Paar eine feste Schreibunterlage (Pappe), ein liniertes Blatt und ein Stift.

Pädagogische Hinweise

Das Spiel kann natürlich auch ohne Schreibzeug gespielt werden, wenn man zum Beispiel im Familienauto sitzt und eine lange Reise macht. Für den Anfang ist es aber eine gute Stütze, die Zeichen vor Augen zu haben. Die Sätze sind kurz genug, daß man sie im ruckelnden Fahrzeug aufschreiben kann.

Wer erst einmal den Spaß begriffen hat, wird immer bessere Ideen entwickeln.

HITPARADE

Singspiel
Ort: Bus mit Mikrofon
Dauer: Etwa 20 Minuten, je nach Liederschatz der Klasse
Eignung: Kinder ab 6 Jahren; Gruppen von Klassenstärke

Beschreibung des Spiels
Die Kinder rechts vom Gang bilden eine Gruppe und die Mitschüler links vom Gang eine zweite. Diese beiden Mannschaften treten zum Liederwettkampf an. Wir sorgen vorher dafür, daß auf beiden Seiten gleich viele Kinder sitzen. Wenn wir eine ungerade Zahl haben, darf das überzählige Kind mit zur Jury gehören.
Es wird ausgeknobelt, welche Mannschaft beginnen darf. Abwechselnd geht immer ein Kind nach vorne ans Mikrofon und singt die Strophe eines Liedes. Nur vollständige Strophen werden anerkannt.
Die Mannschaft, die keinen Sänger mehr nach vorne schicken kann, verliert das Spiel.

Variation
Verschiedene Sänger kommen nach vorne und singen die Strophe eines Liedes ins Mikrofon. Die Spielleiterin notiert alle Lieder. Nach zehn Sängern wird abgestimmt, welches Lied am besten vorgetragen wurde. Wer die meisten Stimmen erhält, bekommt die Sieger-

palme (z.B. einen Fichtenzweig), und alle singen dieses Lied noch einmal gemeinsam.

Hilfsmittel für die Durchführung
Mikrofon des Busfahrers. Bei der Variante Papier und Stift für die Spielleiterin.

Pädagogische Hinweise
Die eigene Stimme übers Mikrofon zu hören, erfordert zuerst einmal viel Mut. Manche Kinder genießen das aber geradezu. Die Freiwilligkeit sollte gewährleistet sein.

Es wird sich schnell herausstellen, wie groß – oder klein – der Liedschatz der Kinder ist.

Sicher werden auch Schlager gesungen. Dabei drücken wir ruhig mal das pädagogische Auge zu. Die Fahrtstrecke darf nicht zu unruhig sein. Für lange Autobahnfahrten bei Regen oder bei Stau ist das Spiel geeignet, die Zeit zu verkürzen.

KARTEN DURCHGEBEN

Wettspiel, Reaktionsspiel
Ort: Bus
Dauer: Etwa 5 Minuten
Eignung: Kinder ab 7 Jahren; Gruppen von Klassenstärke und mehr

Beschreibung des Spiels

Auf jeder Seite des Mittelganges im Bus müssen gleich viele Kinder sitzen, das sind die beiden Spielmannschaften. Wir brauchen zwei Sätze von farbigen Karten, auf denen die Nummern von 1 bis 20 stehen. Die Karten müssen für jede Mannschaft eine andere Farbe haben. Auf jeder Seite bekommt ein Kind auf den vordersten Sitzen den Stapel Karten, am besten in einem Kästchen. Auch die hintersten Kinder erhalten einen Sammelbehälter.

Jetzt geht es los: Die erste Karte wird an den Nachbarn gegeben, der am Fenster sitzt, dieser gibt sie an seinen Hintermann, der wiederum an den Nachbarn am Gang, dieser an den Hintermann usw. Auf diese Weise bekommt jeder die Karte in die Hand und gibt sie weiter. Inzwischen hält das vorderste Kind die nächste Karte bereit. Es geht darum, welche Seite zuerst alle Nummern bis zur 20 nach hinten transportiert hat. Dabei darf aber niemand vom Platz aufstehen!

Variation

Wir haben vier Sätze von Karten und bilden auch vier Mannschaften, so daß man die Karten nur an seinen Hintermann weitergibt. Das ist für die Kleineren leichter zu verstehen, aber die Mannschaften am Gang haben eventuell Vorteile, weil sie leichter weitergeben können.

Hilfsmittel für die Durchführung

Zwei (oder vier) Sätze von Karten aus farbigem Tonkarton, etwa in Postkartengröße. Mit dickem Stift schreiben wir die Nummern von 1 bis 20 darauf. Dazu werden vier (oder acht) Kästchen als Sammelbehälter gebraucht.

Pädagogische Hinweise

Weil der Weg der Karten etwas kompliziert ist, müßte man zuerst mit einer Karte einen Probelauf machen, den die Spielleiterin begleitet und kontrolliert. Es wird den Kindern schwerfallen, bei diesem Wettkampf wirklich sitzen zu bleiben, deshalb ist das Üben wichtig. Günstig ist, daß jede Karte durch alle Hände geht und somit jedes Kind beschäftigt wird.

LEUTE IM JET

Rollenspiel, Erzählspiel
Ort: Bus
Dauer: Beliebig, ca. 15 Minuten
Eignung: Kinder ab 6 Jahren; Gruppen von Klassenstärke

Beschreibung des Spiels

Über Mikrofon begrüßt die Spielleiterin als Stewardeß die Reisenden, so als ob es sich nicht um einen Bus, sondern um ein Flugzeug handeln würde. Die Crew wird vorgestellt, die Flughöhe und Flugzeit bekanntgegeben, es wird gebeten, das Rauchen einzustellen und sich anzuschnallen. Die Kinder müssen so tun, als folgten sie den Anweisungen. Dann startet das Flugzeug mit großem Lärm (Kinder dürfen brummen und heulen), es wird erlaubt, die Gurte wieder zu lösen. Das Anlegen der Rettungswesten wird – pantomimisch – geübt. Dann gibt es – wieder pantomimisch – etwas zu essen, und jeder Gast wird nach seinen Wünschen gefragt. Wir können aus den Fen-

stern die Lichter einer großen Stadt sehen oder über-
fliegen die Alpen, auf denen Schnee liegt. Schließlich
nähert man sich dem Ziel und setzt zur Landung an.
Anschnallen, Sitze gerade stellen. Man hört das Brem-
sen. Endlich – Bodenberührung, es ruckelt auf der Pi-
ste. Alle klatschen Beifall, daß der Pilot es wieder geschafft hat.

Variation
Statt der „Flug"reise machen wir eine Raketenfahrt ins
All und erleben dort die seltsamsten Dinge …

Hilfsmittel für die Durchführung
Mikrofon im Bus.

Pädagogische Hinweise
Hier ist zwar vorwiegend die Spielleiterin aktiv, aber
sie führt die Kinder in eine Fantasiewelt und animiert
sie zum Mitmachen. Viele Kinder werden von Urlaubs-
reisen her das Fliegen schon kennen. Die anderen ah-
men einfach nach, was ihnen vorgegeben wird.

NAMEN VERTEILEN

Spiel zum Kennenlernen, Gedächtnisspiel
Ort: Im Zug, eventuell im Klassenraum
Dauer: Je nach Anzahl der Kinder, ca. 5 Minuten; Wiederholungen sind möglich
Eignung: Kinder ab 8 Jahren (erste Lesekenntnisse); große Gruppen von Klassenstärke

Beschreibung des Spiels
Wir haben aus festem Karton Karten hergestellt, auf denen groß und deutlich die Vornamen der Kinder stehen. Ein Spieler bekommt das ganze Sortiment und soll jedem Kind das richtige Namenskärtchen geben. Die anderen dürfen sich nicht mucksen, auch wenn es ganz falsch ist. Ein anderes Kind wird beauftragt, die Sache zu überprüfen. Erst danach melden sich die Kinder, die immer noch mit dem falschen Namen bedacht wurden.

Variation
Die Karten werden von einem Spieler wahllos verteilt, zwei andere sollen sie richtig zuordnen.

Hilfsmittel für die Durchführung
Für jedes Kind eine Karte mit seinem Vornamen.

Pädagogische Hinweise

Es ist überraschenderweise nicht selbstverständlich, daß jedes Kind alle Klassenkameraden mit Namen kennt. Sicher werden noch Fehler gemacht, auch nach Monaten des Zusammenlebens. Einzelne besser wahrzunehmen ist das Ziel dieses Spieles.

Übrigens geht es nicht darum, die Fehler der Akteure zu zählen, sondern sie zu berichtigen.

REISELEITER

Erzählspiel, Wahrnehmungsspiel, Darstellendes Spiel
Ort: Bus
Dauer: Eine Darstellung ca. 3–5 Minuten
Eignung: Kinder ab 9 Jahren; Einzelaktivität mit Zuhörern

Beschreibung des Spiels

Ein redegewandtes Kind darf nach vorne kommen und das Mikrofon in die Hand nehmen. Jetzt soll es wie ein Reiseleiter der Gruppe erklären, was man rechts und links sieht. Damit das nicht langweilig wird, dürfen die Dinge auf lustige und fantasievolle Weise angedeutet werden, z.B. „Links sehen Sie eine Herde Kühe. Die braunen geben die Milch für den Kakao, und die weißen geben die Milch für den Joghurt. Dazu muß man die Kühe ärgern, damit sie sauer sind und saure Milch geben ... Rechts ist ein kleiner Berg zu sehen. Hier üben die Leute aus dem Flachland das Bergsteigen ... Die Straße, auf der wir fahren, heißt Autobahn, sie ist für Lokomotiven verboten ..."
Nach etwa fünf Minuten wird der Reiseleiter von einem Kollegen oder einer Kollegin abgelöst. Jeder Reiseleiter wird durch Beifall belohnt.

Variation

Die Reiseleitung soll erzählen, was die Reisenden am Ankunftsort alles erwartet. Da die Sprecher das nicht

wissen, dürfen sie sich die verrücktesten Sachen ausdenken: „Meine verehrten Reisenden, wir werden in
einem prima Hotel übernachten, wo immer zehn Betten übereinanderstehen. Wer oben schlafen will, muß
eine Strickleiter raufklettern. Er darf aber nicht schnar-
chen, weil sonst der ganze Turm wackelt …"

Hilfsmittel für die Durchführung
Mikrofon und Lautsprecher im Bus.

Pädagogische Hinweise
Weil manche Kinder noch keine echten Reiseleiter er-
lebt haben, muß die Lehrerin die Aufgaben dieser Person erklären und als erste in diese Rolle schlüpfen. Dann
gibt sie das Mikrofon weiter. Sicher ist nicht jedes Kind
dieser Aufgabe gewachsen, aber einige werden die Sache glänzend bewältigen. Die anderen haben ihren
Spaß beim Zuhören. Das Beifallklatschen muß man
eventuell anregen, denn manche Kinder kennen diese
Art, Anerkennung auszudrücken, eventuell noch nicht
(Beim Fernsehen oder im
Kino klatscht
man nicht!).

STIMMEN RATEN

Wahrnehmungsspiel, Ratespiel
Ort: Bus, aber auch im Gruppenraum möglich
Dauer: Etwa 15 Minuten
Eignung: Kinder ab 6 Jahren; Gruppen von Klassenstärke

Beschreibung des Spiels

Gewöhnlich haben Busfahrer eine Lautsprecheranlage und auch einen Kassettenrecorder. Zu Hause bereiten wir eine Kassette vor: Jedes Kind aus der Klasse spricht ein paar Sätze oder liest etwas vor. Während der Busfahrt lassen wir diese Stimmen über Lautsprecher hören. Je zwei Kinder, die nebeneinandersitzen, sollen die Namen der Sprecher der Reihe nach aufschreiben. Später gibt man dann die Lösung bekannt, damit jeder selbst prüfen kann, ob es richtig war. Es wäre lustig, wenn man zwischendurch plötzlich die Stimme des Nachrichtensprechers aus der Tagesschau hört, die Stimme des Hausmeisters oder Rektors oder einer ande-

ren Person, welche alle Kinder kennen. Es darf auch ein bestimmtes Tier sein. Jüngere Kinder, die noch nicht schreiben können, dürfen die Lösung sofort sagen.

Variation
Statt der Stimmen kann man Geräusche aus dem Haushalt aufnehmen. Das ist für jüngere Kinder besonders interessant. Beispiel: Telefon, Wasserhahn, Staubsauger, Türenschließen, Radio, Glas füllen ... Übrigens gibt es solche Kassetten fertig zu kaufen.

Hilfsmittel für die Durchführung
Vorbereitete Kassette, Kassettenrecorder im Bus mit Lautsprecherübertragung, für je zwei Kinder eine feste Schreibunterlage aus Pappe, Zettel und Stift.

Pädagogische Hinweise
Das Spiel unterstützt das gegenseitige Kennenlernen der Kinder, denn sie müssen jeden einzelnen Mitschüler bewußt wahrnehmen. Wenn man das Spiel im Heim wiederholt, kann sich jeder Sprecher zeigen und vorstellen.
Ist die Gruppe sehr groß, sollte man nach der Hälfte unterbrechen, weil sonst aus Konzentrationsmangel das Raten nicht mehr gelingt – und das ist enttäuschend für die Kinder, die nicht erkannt wurden.

ZAHLEN DURCHSAGEN

Wettspiel, Reaktionsspiel
Ort: Bus
Dauer: Etwa 3 Minuten
Eignung: Kinder ab 6 Jahren; Gruppen von Klassen-stärke

Beschreibung des Spiels

Alle Kinder sitzen im Bus auf ihren Plätzen. Die rechte und die linke Seite vom Mittelgang bilden je eine Mannschaft. Wir sorgen dafür, daß jede Gruppe gleich viele Mitglieder hat, sonst ernennen wir ein überzähli-ges Kind zum Kontrolleur.

Auf ein Zeichen der Spielleiterin hin sollen die Kinder laut je eine Zahl nennen. Das erste Kind am Mittel-gang beginnt mit der Eins, das Nachbarkind nennt die Zwei, das nächste Kind am Mittelgang die Drei usw. Die Mannschaft, die als erste durchgezählt hat, wird Sieger.

Variation

Statt der Zahlen sagen wir das ABC auf, oder jedes Kind ruft laut seinen Vornamen.

Hilfsmittel für die Durchführung

Keine.

Pädagogische Hinweise

Weil es im Bus wegen der Fahrtgeräusche nicht leise ist, und weil die hintereinandersitzenden Kinder nicht *sehen*, sondern nur hören, wenn einer eine Zahl sagt, ist es schwierig, zur rechten Zeit zu reagieren. Deshalb müssen die Spieler gut aufpassen, wann sie dran sind. Wenn man das Spiel öfter spielt, finden die Kinder vielleicht Tricks heraus, wie sie die Reihenfolge weitergeben, zum Beispiel durch Anheben einer Hand, die man auf dem rückwärtigen Sitz noch sieht, oder sie drehen sich kurz um die Lehne herum dem Hintermann zu. Der Kontrolleur paßt mit auf, daß nicht gemogelt wird.

WIR FAHREN HEUT NACH BUTZLABEE

Singspiel
Ort: Bus
Dauer: Ca. 10 Minuten
Eignung: Kinder ab 6 Jahren; Gruppen von Klassenstärke

Beschreibung des Spiels
Die Spielleiterin nutzt das Mikrofon des Busfahrers, um das Singspiel in Gang zu setzen. Jeder, auf den sie zeigt, hebt beide Arme über den Kopf, bei „wir" tun das alle Kinder, und bei „alle fahren mit" wird über dem Kopf in die Hände geklatscht und dann fünfmal auf den Boden gestampft. In jeder Strophe singt man alle vorher genannten Namen der Reihe nach, so daß die Verse immer länger werden.

Text: Wir fahren heut nach Butzlabee (ins Landschulheim – zum Freizeitpark …), und wer fährt mit?
Frau Schulz mit ihrem Wuschelkopf,
und die fährt mit!
Sie fährt mit, er fährt mit,
ihr fahrt mit, wir fahr'n mit,
alle fahren mit, alle fahren mit!

Wir fahren heut nach Butzlabee,
und wer fährt mit?
Tom mit seinen blauen Augen, der fährt mit!
Frau Schulz fährt mit, Tom fährt mit,
sie fährt mit, er fährt mit…

Variation

Auf der Rückfahrt geht es schon um die Erinnerung. Statt der Namen werden jetzt Dinge genannt, die es in „Butzlabee" gab. Jedes Kind darf einen Vorschlag machen, am besten noch mit einer Bewegung. Es ist ein zusätzlicher Spaß, wenn die Wörter sich reimen.

Wir kommen heut aus Butzlabee, und was gab's da?
Da gab es einen großen Wald, Trali Trala!
Ich war mit, du warst mit …

Großen Wald, Echo, das schallt,
Nachtgespenster, große Fenster,
lauter Matsch, und viel Quatsch,
Modenschau, und Radau …

Hilfsmittel für die Durchführung

Eventuell Mikrofon und Lautsprecher, es geht aber auch ohne.

Pädagogische Hinweise

Dieses Singspiel ist gut geeignet, um die Erregung am Anfang einer Fahrt aufzufangen. Gleichzeitig begrüßen wir jedes Kind, und durch die Wiederholungen wird den Schülern bewußt, wer alles zur Klassengemeinschaft gehört. Deshalb ist es auch wichtig, daß jedes Kind genannt wird.

SPIELE IM HEIM

BESETZT

Platzwechselspiel, Kontaktspiel
Ort: Gruppenraum mit Stuhlkreis
Dauer: Je nach Mitspielerzahl, ca. 10 Minuten
Eignung: Kinder von 6–10 Jahren; Gruppen bis zu 24
Kindern (kleinere Gruppen sind günstiger)

Beschreibung des Spiels

Alle Teilnehmer sitzen im Stuhlkreis. Aus einem Skatblatt wurden vorher alle Karo-Karten heraussortiert. Die
Spielleiterin läßt jedes Kind eine Karte ziehen. Alle
merken sich das Farbzeichen ihrer Karte (Kreuz, Herz,
Pik) und geben sie wieder zurück. Auf diese Weise ist
die Klasse in drei etwa gleiche Gruppen unterteilt, de-
ren Mitglieder aber ganz verstreut im Kreis sitzen.
Die aussortierten Karokarten werden wieder unter den
Stapel gemischt. Jetzt hebt die Spielleiterin eine Karte
vom verdeckten Stapel und sagt sie an, z.B. „Kreuz".
Alle Kinder, die zu dieser Farbe gehören, rücken einen
Platz nach rechts. Wenn dieser Stuhl nicht frei ist, setzt
man sich dem Nachbarn auf die Knie. Immer wieder
werden Karten angesagt, immer wieder wird weiter-
gerückt, auf freie Stühle oder freie Knie. Es dürfen auch
mehrere Kinder einen Stuhl besetzen. Wer „besetzt"
ist, kann allerdings nicht weiterrücken, auch wenn er
dran wäre.
Erscheint die Farbe Karo, dürfen alle unbesetzten Spieler eins weiter. Wenn der Kartenstapel durchgeblättert
ist, fängt man einfach wieder von vorne an.
Ziel des Spieles ist, den eigenen Platz wieder zu errei-

chen. Sobald jemand dort angekommen ist, müssen eventuelle Besetzer weichen, und das Spiel endet.

Variation
Statt der Skatkarten eignen sich auch Unokarten oder farbige Zettel. Bei mehr als 24 Kindern braucht man ein Romméblatt mit 52 Karten.
Sollen alle Kinder das Ziel erreichen, damit wir nicht nur einen Gewinner haben, dreht jeder Angekommene seinen Stuhl um und setzt sich rittlings darauf. Diese Sitze werden nicht mehr in das Spiel einbezogen.

Hilfsmittel für die Durchführung
Ein Skatblatt oder andere Karten in vier Farben, für jedes Kind eine Karte.

Pädagogische Hinweise
Dieses Spiel bringt Bewegung, löst für kurze Zeit die Sitzordnung auf und schafft enge körperliche Kontakte. Deshalb ist es günstig, wenn die Kinder sich gut kennen und auch mögen. Die Gruppe müßte durch andere Spiele bereits „aufgewärmt" sein.
Falls sich die Kinder ihren Platz nicht merken können oder mogeln wollen, kann jeder als Zeichen seine Jakke über den Stuhl hängen.

DER WANDERSTOCK

Singspiel, Platzwechselspiel
Ort: Gruppenraum, Klassenzimmer
Dauer: Beliebig
Eignung: Kinder ab 6 Jahren; Gruppen von 10–20 Teilnehmern

Beschreibung des Spiels

Alle sitzen im Kreis, aber ein Stuhl fehlt. Der übrige Spieler erhält einen Spazierstock und wandert im Kreis herum, während alle ein Wanderlied singen. Plötzlich läßt der Wanderer seinen Stock fallen. Nun wechseln alle die Plätze. Wer diesmal übrig bleibt, nimmt den Stock und wandert weiter.

46

Variation
Diesmal wandert der Stock allein, und zwar von Hand zu Hand, immer im Rhythmus des Liedes. Das Kind ohne Stuhl ruft irgendwann: „Der Stock fällt!" Dann muß der Stock sofort aus der Hand fallengelassen werden, und alle haben ihre Plätze zu wechseln.

Hilfsmittel für die Durchführung
Ein Spazierstock.

Pädagogische Hinweise
Das Spiel eignet sich für den Anfang einer Spielstunde, weil es alle Spieler einbezieht, ohne große Anforderungen zu stellen, und weil es die Gruppe bunt durcheinanderwürfelt. Am Ende wird jeder einen anderen Platz mit anderen Nachbarn haben. Die Spielleiterin setzt das Spiel am besten selbst in Gang als erste Wanderin.

EINS, ZWEI, DREI, HOPPLA!

Platzwechselspiel, Reaktionsspiel
Ort: Gruppenraum, Klassenzimmer
Dauer: Ein Durchgang ca. 2 Minuten, beliebig zu wiederholen
Eignung: Kinder ab 6 Jahren; die Varianten ab 9 Jahren; Gruppen von Klassenstärke

Beschreibung des Spiels

Alle Kinder sitzen auf Stühlen im Kreis, und zwar ein bißchen vorn an der Stuhlkante. Die Spielleiterin (oder ein Kind) hat zunächst keinen Platz. Sie zeigt auf einen Spieler, und nun wird links herum laut gezählt, von einem Kinde zum nächsten: Eins – zwei – drei … Der Vierte sagt „Hoppla!", springt vom Stuhl auf und begibt sich in die Mitte. Dann geht es wieder von vorn los. Schließlich sitzt nur noch ein Spieler, der jetzt alleine zählt, und zwar langsam und spannend: Bei seinem „Hoppla" suchen sich alle schnell einen Platz. Wer übrig bleibt, bestimmt, wo das Zählen von neuem beginnen soll.

Variation

Bei älteren Kindern zählen wir weiter: Eins, zwei, drei, hoppla, – vier, fünf, sechs, hoppla … Jetzt muß viel mehr aufgepaßt werden, wann man mit dem „Hoppla" dran ist. Statt der drei Kinder kann man auch vier oder fünf weiterzählen, dann wird es noch komplizierter. Gleichzeitig üben wir das Einmaleins.

Hilfsmittel für die Durchführung
Keine

Pädagogische Hinweise
Dieses Spiel ist sehr einfach und bezieht alle Kinder
automatisch mit ein. Durch den Platzwechsel sitzt jeder mal bei einem anderen Schulkameraden als sonst.
Durch das Aufspringen kommt ein kleines bißchen
Bewegung in die Gruppe, die beim Plätzesuchen ganz
kurz lebhaft wird.
Das überzählige Kind sollte auf keinen Fall ausgelacht
werden, es darf sofort das Spiel wieder in Gang setzen
und bekommt schnell Gesellschaft. Wenn das Spiel
beendet werden soll, verzichtet die Spielleiterin auf
einen Stuhl und steht selbst in der Mitte, um das nächste Spiel anzusagen.

FREUNDLICHER FADEN

Kontaktspiel
Ort: Gruppenraum, Klassenzimmer
Dauer: Je nach Teilnehmerzahl 5–10 Minuten
Eignung: Kinder ab 8 Jahren

Beschreibung des Spiels

Alle stehen oder sitzen im Kreis. Die Spielleiterin wirft jemandem ein Wollknäuel zu, behält das Fadenende aber in der Hand. Gleichzeitig sagt sie demjenigen, der die Wolle bekommt, etwas Freundliches, z.B. „Ich mag, daß du immer so gute Laune hast". Der Angesprochene hält den Faden mit der linken Hand fest und wirft das Knäuel einem anderen Spieler zu, dem er ebenfalls eine Freundlichkeit sagt. So geht es weiter, bis jeder einmal dran war und in der Mitte ein Netz entstanden ist.

Variation

Um die Wolle zu retten, beginnt der letzte Spieler, den Faden wieder aufzuwickeln, bis er bei dem Teilnehmer ankommt, der ihm die Wolle zuwarf. Er gibt sie ihm und sagt ihm etwas Nettes. Nun wickelt der zweite Spieler die Wolle auf, bis er wiederum bei einem Teilnehmer ankommt.

Hilfsmittel für die Durchführung

Ein Knäuel Wolle, möglichst fest gewickelt.

Pädagogische Hinweise

Für diese Aktion sollte sich die Gruppe schon eine Weile kennen. Nach Möglichkeit wollen wir ganz individuelle Freundlichkeiten sagen, die auch wirklich stimmen. Das erfordert, besonders bei unbeliebten Gruppenmitgliedern, einiges Nachdenken. Da jeder das Knäuel nur einmal zugeworfen bekommt, werden automatisch alle Gruppenmitglieder einbezogen. Das Spiel kann zu einem positiven Gruppenklima beitragen.

HECHT IN DER REUSE

Wettkampf, Geschicklichkeitsspiel
Ort: Klassenzimmer, Gruppenraum, Gymnastikraum, Turnhalle
Dauer: Ein Wettkampf etwa 1 Minute
Eignung: Kinder ab 8 Jahren; größere Gruppen ab 8 Teilnehmern, damit man mehrere Paare bilden kann.

Beschreibung des Spiels

Wir brauchen die Länge des Raumes für eine Rennbahn. Gewöhnlich treten zwei Spieler gegeneinander an. An einem Ende der Bahn liegen zwei Zeitungsseiten, die mit Klebeband etwas befestigt werden müssen. Das sind die „Reusen". Die „Hechte" reißen oder schneiden wir aus halben Zeitungsseiten. Wenn man dazu zwei Blätter übereinanderlegt, werden die Fische ganz gleich.

Zum Wettlauf stellen sich die Spieler am anderen Ende der Bahn auf. Die Fische liegen vor ihren Füßen. Mit Hilfe einer Zeitung sollen sie ihre Hechte in die Reuse bringen. Dazu schlägt man vor den Fischen auf den Boden. Der erzeugte Wind trägt sie ein Stückchen weiter.

Wer zuerst seinen Hecht in der Reuse hat, gewinnt das Spiel, und das nächste Paar kommt dran. Man kann aber auch gleichzeitig mehrere Spieler agieren lassen.

Variation

Das Spiel läßt sich auf andere Themen übertragen: Schmetterlinge werden auf Blumen gewedelt oder Frösche in den Teich. Nur darf die Figur nicht zu feingliedrig sein, damit der Wind sie noch hochheben kann.

Hilfsmittel für die Durchführung

Drei alte Tageszeitungen, Klebeband.

Pädagogische Hinweise

Die ungewohnte Tätigkeit bei diesem Wettlauf wirkt auf die Zuschauer belustigend, ohne daß die Spieler selbst belacht werden.

Daß Spiel verlangt Durchhaltevermögen, weil es manchmal lange dauert, bis man die Technik richtig beherrscht.

HEIMQUIZ

Wahrnehmungsspiel, Suchspiel
Ort: Heim, Schule, Jugendherberge
Dauer: Je nach Aufgabenstellung, ca. 15–30 Minuten
Eignung: Kinder ab 9 Jahren; Gruppen von Klassenstärke

Beschreibung des Spiels

Die Spieler werden in Kleingruppen zu je vier Kindern aufgeteilt. Jede Gruppe bekommt Papier und Stift. Heimlich schleichen jetzt alle durch das Haus und schreiben zehn Quizfragen auf, die sich auf Gegebenheiten des Heimes beziehen, z. B.: Welche Farben haben die Tischdecken im Eßraum? Wieviele Wasserhähne sind auf der zweiten Etage? Welche Pflanzen stehen im Flur? Wie heißt der Hund des Heimleiters? usw.
Dann kommen alle wieder zusammen, die Zettel werden unter den Gruppen getauscht, und jetzt sollen die Quizfragen gelöst werden.

Variation

Die Fragen werden vorher von der Lehrerin zusammengestellt, und jede Gruppe bekommt die selben Aufgaben. Damit nicht alle gleichzeitig an eine Stelle laufen, ist die Reihenfolge verschieden. Diesmal geht es um Punkte: Für jede richtig beantwortete Frage gibt es fünf Punkte, dazu 20 Punkte für die Gruppe, die zuerst fertig ist, 15 für die nächste, 10 für die dritte und 5 Punkte für die vierte Gruppe. Wer die meisten Punkte erreicht, wird Sieger.

Hilfsmittel für die Durchführung

Für jede Kleingruppe Papier und Stift.

Pädagogische Hinweise

Bei dieser Aktion gilt es, die Augen aufzumachen, um besondere Dinge zu sehen, die den anderen vielleicht nicht aufgefallen sind. In einer Gruppe von vier Kindern wird sicher jemand sein, der gute Ideen hat.
Es wäre günstig, wenn die Spielleiterin die Fragen kurz überprüfte. Da die Grüppchen nicht alle zur gleichen Zeit zurückkommen, dürfte das möglich sein.
Dieses Spiel eignet sich besonders für den ersten Tag der Klassenfahrt, wenn die Kinder das Heim noch nicht so gut kennen.

KISSENKETTE

Kontaktspiel, Geschicklichkeitsspiel
Ort: Gruppenraum, Klassenzimmer
Dauer: Je nach Anzahl der Mitspieler, ca. 5 Minuten
Eignung: Kinder ab 6 Jahren

Beschreibung des Spiels

Alle Kinder sitzen auf Stühlen im Kreis. Einer bekommt
ein Kissen zwischen die Knie geklemmt. Er soll aufstehen, ohne das Kissen zu verlieren, und es seinem sit-
zenden Nachbarn übergeben. Der Nachbar steht ebenfalls auf und übergibt es dem nächsten. So geht das
Kissen allmählich im Kreis herum.
Für die zweite Runde gibt es zwei Kissen, die man
gleichzeitig nach rechts und links weitergibt. In der
Mitte der Reihe begegnen sie sich. Welche Lösung finden die Kinder für das Überkreuzen?

Variation

Jedes Kind bekommt eine Nummer gesagt. Außerdem
haben wir diese Nummern auf Kärtchen geschrieben,
die gemischt werden. Die Spielleiterin gibt einem Kind
das Kissen zwischen die Knie, geht in die Mitte, zieht
ein Kärtchen und sagt die Nummer an. Das betreffen-
de Kind meldet sich, und ihm wird das erste Kissen
gebracht. Der Kissenbote sagt dann die nächste Nummer an, zu der das Kissen zu bringen ist. So kommen
mit der Zeit alle Kinder mal dran, und das letzte Kind
trägt das Kissen zur Spielleiterin zurück.

Hilfsmittel für die Durchführung

Zwei kleine, nicht zu weiche Sofa- oder Stuhlkissen; für die Variante so viele Nummernkärtchen, wie Kinder vorhanden sind.

Pädagogische Hinweise

Das Spiel verlangt Kooperation bei der Übergabe des Kissens, und die Spieler kommen sich körperlich nahe, ohne sich direkt berühren zu müssen. Mit den Kissen zwischen den Knien zu laufen, sieht recht drollig aus, darum macht auch das Zuschauen Spaß. Das gilt besonders für die Variante, wo man mitten durch den Kreis wackelt.

MÖBELPACKER

Rollenspiel, Kontaktspiel
Ort: Gruppenraum mit Stühlen, Klassenzimmer
Dauer: Etwa 10 Minuten oder länger
Eignung: Kinder von 6–9 Jahren; Gruppen von Klassenstärke

Beschreibung des Spiels

Herr und Frau von Adelberg wollen in ihr neues Schloß umziehen. Sie haben lauter kostbare Möbel, alles Erbstücke. Die Möbelpacker werden per Telefon bestellt, und schon rücken diese mit einem großen Möbelwagen an. Jetzt wird eingeladen, Stück für Stück. Frau von Adelberg paßt auf, daß die kostbaren Stücke gut behandelt werden. Endlich fährt der Laster ab, kommt beim neuen Schloß an, und die Möbelpacker laden aus. Wenn sich das Ehepaar nur einig wäre, wo die Möbel hingestellt werden sollen! Endlich sind sie zufrieden, und die Möbelpacker bekommen ein Trinkgeld. Soweit die Spielgeschichte.

Wir verteilen die Rollen: Vier kräftige Kinder sind die Möbelpacker, dann brauchen wir das reiche Ehepaar und außerdem ganz viele kostbare „Möbel", die alle von Kindern gespielt werden. Wir machen vorher aus, was jeder darstellt: einen Glasschrank, eine Standuhr, ein Sofa, einen Couchtisch, einen Ohrensessel, ein Himmelbett … Die Möbel werden so hingestellt, wie sie etwa in einer Wohnung angeordnet wären.

Das Lastauto bauen wir aus Stühlen in einer Ecke des Zimmers. Es soll dabei ein enger Raum entstehen, wo die Möbel eingestapelt werden.

Die Möbelpacker müssen ihre Mitspieler nun mit gemeinsamen Kräften in das Lastauto transportieren. Die „Möbelstücke" machen sich während des Transportes ganz steif, dann geht es leichter. Schließlich steht alles eng gedrängt auf der kleinen Ladefläche und muß dort die ruckelnde „Fahrt" überstehen, bis wieder abgeladen wird.

Variation
Ein alter Zauberer ist gestorben, und sein Schloß wird leergeräumt. Die Möbelstücke sind aber alle ein bißchen verhext, das merkt man, wenn man sie anrührt: Beim Schrank geht dauernd quietschend die Tür auf, der Stuhl hüpft, das Sofa stöhnt, die Uhr fängt an zu schlagen, der Schrank kippt um ... Den „Möbelstükken" fällt sicher selbst etwas ein!

Hilfsmittel für die Durchführung
Etwa zehn Stühle für das Lastauto.

Pädagogische Hinweise
Obwohl hier nur wenige Kinder voll aktiv sind, haben auch die anderen ihren Spaß, schon durch das Zuschauen und Miterleben. Die Spieler kommen in sehr nahen Körperkontakt, sowohl beim Transport als auch auf der engen Ladefläche. Da man sich aber in einer Rolle bewegt, wird die Scheu leicht überwunden.
Der Part der besorgten Hausfrau sollte von der Spielleiterin übernommen werden. Sie sorgt dafür, daß die „Möbelpacker" nicht ruppig mit den Spielern umgehen.

SINGENDER SOCKEN

Ratespiel, Denkspiel
Ort: Gruppenraum, Klassenzimmer
Dauer: Ein Durchgang ca. 3 Minuten, wiederholbar.
Eignung: Kinder ab 9 Jahren

Beschreibung des Spiels

Die Spielleiterin behauptet, daß ein bestimmtes Kind in der Klasse so feine Ohren hat, daß es sogar die Töne hören kann, die bestimmte Dinge von sich geben. Besonders Socken singen Melodien, behauptet sie.

Das (eingeweihte) Kind geht vor die Türe, und jetzt muß einer aus dem Kreis das singende Söckchen, das die Spielleiterin mitgebracht hat, anziehen und gut im Schuh verstecken. Und siehe da: Der Rater kommt herein, horcht an den Schuhen und findet ganz sicher den singenden Socken (Es muß beim Horchen

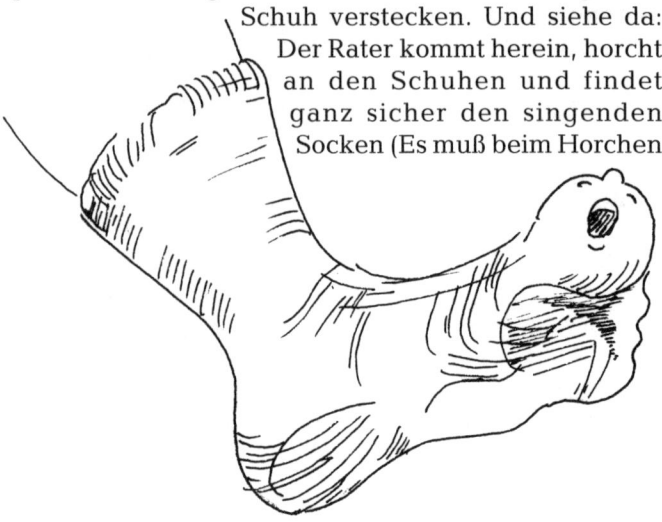

immer nach der Spielleiterin geschielt werden, die im richtigen Moment eine Bewegung macht).

Damit es noch spannender wird, darf der Rater erst mal bei einem falschen Kind verlangen, daß es den Schuh auszieht. Schade, hat nicht geklappt. Aber dann findet es den singenden Socken doch!

Variation
Das ratende Kind merkt angeblich an der aufsteigenden Wärme, wer einen Socken mehr anhat. Es setzt sich nacheinander allen Kindern auf den Schoß, bis es das heimliche Signal erhält.

Hilfsmittel für die Durchführung
Ein dünnes Söckchen, das allen Kindern paßt.

Pädagogische Hinweise
Kleinere Kinder würden an Magie glauben – aber bereits Neunjährige wissen, daß es sich um einen Trick handelt und versuchen, die Sache herauszubekommen. Wer es zu wissen glaubt, darf es gleich mal selber ausprobieren, unter den gleichen Bedingungen.

SUPPENSTEIN

Sprechspiel
Ort: Feld, Wald, Wiese, Spielplatz
Dauer: Je nach Zahl der Mitspieler 15–20 Minuten
Eignung: Kinder von 6–10 Jahren; größere Gruppen

Beschreibung des Spiels

Jeder Mitspieler sucht im Gelände einen Stein, ganz gleich welcher Art und Größe. Dann kommen alle zusammen in den Kreis, und jeder stellt seinen Stein mit einem Namen vor. Dazu erzählt er, wozu dieser Stein gebraucht werden kann. Beispiel: „Dies ist ein Gewürzstein. Wenn man ihn in der Suppe mitkocht, schmeckt sie dann besser."

„Dies ist ein Zungenstein. Wenn man ihn unter die Zunge legt, kann man gut sprechen." „Dies ist ein Heilstein. Wenn man ihn bei Krankheit unter das Kopfkissen legt, wird man gesund."

Variation

Die beste Idee könnte prämiert werden, oder man macht anschließend eine „Steinausstellung" mit entsprechenden Schildchen.

Statt der Steine kann man auch Pflanzen nehmen. Hier könnte sich eine Erkundung anschließen, was man tatsächlich mit den Pflanzen machen kann: Tee kochen, heilen, färben, Salat machen usw.

Hilfsmittel für die Durchführung

Steine aus der näheren Umgebung, eventuell Zettel und Stifte.

Pädagogische Hinweise

Das Spiel erfordert vor allem Fantasie. Hier kommen Kinder zu ihrem Recht, die bei wilden Spielen lieber an der Seite stehen. Das Sprechen vor der Gruppe verlangt ein gewisses Selbstbewußtsein. Die Spieler müssen laut und deutlich sprechen, damit sie von allen gehört werden. Da die meisten Ideen witzig sind, kann man gemeinsam lachen.

VOLLE BESATZUNG

Kontaktspiel
Ort: Gruppenraum, Klassenzimmer
Dauer: Etwa 15 Minuten
Eignung: Kinder ab 6 Jahren; Gruppen von Klassenstärke

Beschreibung des Spiels

Eine bemannte Raumfähre soll zum Mars fliegen. Dazu braucht man immer vier Personen als Besatzung. Mehrere Dreiergruppen haben sich schon zusammengefunden, nun geht es für sie darum, den vierten zu werben. Die Kinder stehen locker im Raum und sollen sich auf ein Zeichen hin ganz schnell zu Dreiergruppen zusammenfinden. Die Grüppchen bauen sich eine „Raumfähre" aus vier Stühlen. Wer übrig ist, bleibt in der Mitte stehen, außerdem sind ein oder zwei Boote defekt, wie die Spielleiterin bei der „Kontrolle" feststellt. Nun müssen alle Teams einen der arbeitslosen Astronauten überreden, in ihr Boot zu kommen, bis alle Besatzungen vollständig sind.

64

Bleibt immer noch ein Kind übrig, wird es zum Kommandanten der Bodenstation ernannt, es spricht den Countdown. Anschließend starten alle vollbesetzten Fähren mit großem Geheul!

Variation

Wir bilden Vierergruppen. Die Spielleiterin geht als Raumfahrt-Ärztin von Rakete zu Rakete, um die Gesundheit der Raumfahrer zu prüfen. Einige Astronauten sind krank und müssen auf der Bodenstation bleiben. Die Teams sollen sich nun umorganisieren, bis es wieder volle Besatzungen gibt.

Hilfsmittel für die Durchführung
Stühle.

Pädagogische Hinweise
Die Spielleiterin berechnet, wieviele Dreiergruppen aufgelöst werden müssen, damit die anderen Besatzungen vervollständigt werden können. Sollte kein Kind für die Bodenstation zur Verfügung stehen, übernimmt sie diese Rolle selbst.

Gewöhnlich bleiben die unbeliebteren Spieler übrig. Es tut ihnen gut, einmal so umworben zu werden, und sie können sich ruhig ein Weilchen bitten lassen, ehe sie sich entscheiden. Bei der Werbung muß ein richtiges Rollengespräch entstehen, wo die Werber die Vorzüge ihrer Rakete anpreisen oder die Freundlichkeit des Teams. Es geht nicht, einfach jemanden an der Hand zu nehmen und mitzuziehen!

Damit auch andere in die Rolle der Umworbenen kommen, wiederholt man das Spiel mehrfach.

WO IST DIE MURMEL?

Suchspiel, Geschicklichkeitsspiel
Ort: Gruppenraum, Klassenzimmer
Dauer: ca. 5 Minuten
Eignung: Kinder von 6 Jahren an; zwei Mannschaften von 4–10 Kindern.

Beschreibung des Spiels
An einem längeren Tisch sitzen sich zwei Mannschaften von Spielern gegenüber. Jede Mannschaft gibt unter dem Tisch heimlich eine Murmel weiter. Die Spielleiterin ruft irgendwann: „Hände auf den Tisch." Jetzt müssen alle die Hände so auf den Tisch legen, daß man nicht merkt, wer die Murmel versteckt. Die Spielleiterin versucht, bei jeder Mannschaft einmal zu raten. Findet sie eine Murmel, bekommt diese Mannschaft einen Minuspunkt.

Variation

Die Spieler bilden eine Runde und geben so die Murmel weiter. Ein Teilnehmer erhält keinen Platz. Dafür darf er „Hände auf den Tisch" rufen. Dreimal rät er, wer die Murmel hat. Findet er sie, dann wechselt er mit diesem Spieler den Platz.

Hilfsmittel für die Durchführung

Eine Glasmurmel.

Pädagogische Hinweise

Das Spiel erfordert schnelle Reaktion und geschicktes Hantieren mit der glatten Murmel, die schwer zu verstecken ist. Am besten machen alle die Hände hohl und klemmen die Murmel zwischen Daumen und Handfläche fest. Bei älteren Kindern hat die Spielleiterin meist keine Chance.

SPIELE IN WALD UND FELD

ABTAUCHEN

Geschicklichkeitsspiel, Kooperationsspiel
Ort: Waldrand, Lichtung
Dauer: Beliebig, ca. 5–10 Minuten
Eignung: Kinder ab 6 Jahren; viele Paare

Beschreibung des Spiels

Die Kinder suchen sich einen Partner oder eine Partnerin von etwa gleicher Größe. Jedes dieser Paare braucht einen geraden Stock, der etwa einen Meter lang ist. Nun lassen sich die Spieler auf Knie und Hände nieder, so daß sie sich gegenüber stehen wie zwei kämpfende Tiere, und legen den Stock von der eigenen Schulter auf die Schulter des Partners. (Beim einen rechts – beim anderen spiegelverkehrt). Jetzt muß man gleichzeitig unter dem Stock durchtauchen, so daß er auf die andere Seite des Kopfes rollt. Dabei darf das Holz nicht herunterfallen! Nun taucht man wieder zurück in die Ausgangsstellung und beginnt von vorn.

Zuerst können sich die Kinder mit Worten verständigen (bis drei zählen), dann sollen sie einen Rhythmus finden (leicht wippen) und nur noch im Geist mitzählen.

Variation
Sobald die Kinder das Spiel beherrschen, könnte man einen Wettbewerb veranstalten: Wer schafft es am längsten? Die Paare, bei denen der Stock herunterfiel, kommen dann zum Zuschauen bei den Geschickteren.

Hilfsmittel für die Durchführung
Für jedes Paar einen geraden Stock von ca. 1 m Länge, den man sich im Gelände suchen kann.

Pädagogische Hinweise
Die Spieler müssen sehr gut kooperieren und ihre Bewegung auf den Partner einstellen, damit das Spiel gelingt.

AUSBRECHER

Geschicklichkeitsspiel
Ort: Schulhof, Spielplatz, Bürgersteig, Park
Dauer: Ein Durchgang etwa 5 Minuten
Eignung: Kinder ab 8 Jahre

Beschreibung des Spiels

Die Spielgruppe bildet stehend einen engen Kreis. Einer befindet sich in der Mitte und hat einen Stein vor den Füßen. Er muß versuchen, den Stein herauszukikken, aber die anderen passen auf und stoßen ihn jedesmal zurück. Sobald der Stein aus dem Kreis herausgeschossen ist, wird der Spieler in der Mitte abgelöst, und zwar von demjenigen, an dessen rechter Seite der Stein aus dem Kreis ausbrach.

Variation

Bei einer großen Anzahl von Mitspielern kann man zwei Leute in die Mitte stellen, dadurch muß man sich noch stärker konzentrieren. Die Einzelkämpferstellung des Spielers in der Mitte wird damit etwas entschärft.

Hilfsmittel für die Durchführung

Ein kastaniengroßer Stein.

Pädagogische Hinweise

Die Mitspieler müssen sich ständig stark konzentrieren und Gemeinschaftsgeist entwickeln. Schnelle Reaktion wird gefordert und Geschicklichkeit beim Hin- und Herstoßen des Steines. Kinder, die gerne Fußball spielen, werden Freude an dem Spiel haben.

DER OHRENBÄR

Suchspiel, Geländespiel
Ort: Unübersichtliches Waldstück
Dauer: ca. 20 Minuten
Eignung: Kinder ab 6 Jahren; Gruppen von Klassenstärke

Beschreibung des Spiels

Die Spielleiterin erzählt den Kindern, daß in diesem Wald der seltene Ohrenbär lebt, der sehr scheu ist. Wenn er etwas hört, flieht er sofort, deshalb müssen wir ganz leise sein, wenn wir ihn beobachten wollen. Er ist Pflanzenfresser und tut niemandem etwas, außerdem ist er ziemlich klein. Aber wie er richtig aussieht, wird nicht verraten.

Zuerst helfen die Kinder, die Grenzen des Spielfeldes sichtbar zu machen, indem sie farbige Bändchen um die Bäume binden. Ein bestimmter Baum wird als Treffpunkt ausgemacht. Jeder, der den Ohrenbären gesehen hat, kommt hierher zurück. Wer gar kein Glück beim Suchen hatte, darf sich Rat holen, in welche Richtung er sich wenden kann.

Dann geht die Suche los. Die Spielleiterin hat den „Bären", ein größeres Plüschtier, in der Tasche mitgebracht, tut so, als ob sie auch sucht, und versteckt das Tier heimlich. Nach einer Weile geht sie von einer anderen Stelle aus zum Treffpunkt zurück. Langsam sammeln sich hier alle Kinder. Nun kann man sich über den Ohrenbären unterhalten – mit viel Fantasie. Das letzte Kind darf den Ohrenbären „fangen" und mitbringen.

Zum Schluß befreien wir die Bäume wieder von den Markierungen.

Variation
Der Ohrenbär hat Junge, die sich ebenfalls versteckt halten. Wir sind Tierschützer, die feststellen sollen, wieviele Ohrenbären in diesem Bezirk leben. Wer eine Kamera dabei hat, darf die Bären auch fotografieren!

Hilfsmittel für die Durchführung
Ca. 60 Bastbändchen (oder Schnüre oder Stoffstreifen) von etwa 70 cm Länge zum Markieren des Geländes, ein größeres Stofftier (es muß nicht unbedingt ein Bär sein), und für die Variation mehrere ähnliche Tiere, die man auch selbst machen kann aus geknülltem Zeitungspapier, das man mit Wollfäden umwickelt.

Pädagogische Hinweise
Die Suche ist gar nicht einfach, weil die Kinder keine Vorstellung vom Suchgegenstand haben. Bei kleineren Kindern kann man das Spielgelände eng halten,  damit sie schneller zum Erfolg kommen, größeren muten wir mehr Raum zu. Die Fantasiegeschichte hebt das Spiel über ein bloßes Suchen hinaus.

FALL NICHT VOM SOCKEL

Lustiger Wettkampf, Partnerspiel
Ort: Rastplatz im Wald, Spielplatz
Dauer: Ca. 3 Minuten
Eignung: Kinder ab 6 Jahren; mehrere Paare

Beschreibung des Spiels

Je zwei Spieler suchen sich in geringem Abstand von-
einander einen „Sockel", auf dem sie gerade so stehen
können. Dazu eignen sich Steine, Holzklötze, Baum-
stümpfe. Jetzt bekommt das Paar ein Seil, das beide
anfassen. Aufgabe ist, den anderen vom Sockel zu ziehen. Wer sehr stark zieht, fällt eventuell selber schneller herunter als der andere, falls dieser das Seil plötzlich losläßt. Die Spielleiterin muß
darauf achten, daß beim Her-
unterpurzeln keine Verlet-
zungsgefahr besteht.

Variation

Statt auf Klötzen steht jeder auf einem halben Bogen Zeitungspapier. Jetzt werden sich die Partner vielleicht gegenseitig über den Boden ziehen.

Hilfsmittel für die Durchführung

Für jedes Spielerpaar ein Seil von mindestens 1,5 cm Länge, für jeden als „Sockel" einen Stein, einen Holzklotz oder Baumstumpf. Bei der Variation braucht jeder ein Blatt Zeitungspapier.

Pädagogische Hinweise

Das Spiel kann nicht nur durch Kraft, sondern auch durch Taktik gewonnen werden. Der Wettbewerb bleibt durch den kippeligen Standplatz eine lustige Angelegenheit, die sich für einen Teil der Gruppe auch zum Zuschauen eignet.

KANINCHEN IM KOHLFELD

Laufspiel, Fangspiel, Geländespiel
Ort: Waldgelände mit einigermaßen ebenem Untergrund, Lichtung, Waldrand
Dauer: Beliebig, ca. 15 Minuten
Eignung: Kinder ab 6 Jahren; Gruppen von Klassenstärke

Beschreibung des Spiels

Wir grenzen im Gelände ein Kohlfeld ab (mit farbigen Stoffstreifen an den Bäumen), außerdem einen kleinen Bezirk als Kaninchenbau, der rund 40 Meter entfernt vom Kohlfeld liegt. Etwa in der Mitte zwischen beiden Punkten hat der Jäger sein Haus. Ein Kind ist der Jäger, vier weitere spielen Hunde. Alle übrigen sind Karnickel.

Jeden Morgen vor Sonnenaufgang verlassen die Kaninchen ihren Bau und hoppeln zum Kohlfeld. Wenn alle Kaninchen im Kohlfeld sind, wacht auch der Jäger auf, schleicht sich mit den Hunden in den Wald und versteckt sich dort.

Jetzt ruft die Spielleiterin: „Die Sonne geht auf!" Daraufhin laufen alle Kaninchen in großen Sätzen zum Bau zurück. Unterwegs lauert aber der Jäger. Bellend kommen die Hunde aus ihren Verstecken hervor und versuchen, die Kaninchen zu fangen. Sobald diese aber im Bau verschwinden, sind sie sicher.

Die gefangenen Kaninchen verwandeln sich in Hunde und gehen erst mal mit dem Jäger nach Hause. Ruft die Spielleiterin: „Der Mond geht unter!", dann ist die

Nacht vorbei, und die Kaninchen kommen wieder aus dem Bau.

Das Spiel wird so oft wiederholt, bis alle Kaninchen gefangen sind. Das Fangen geschieht durch Abschlagen.

Variation

Alle Kinder sind Affen im Wald, die fröhlich herumlaufen und klettern. Faul ruht mitten im Gelände eine Löwenfamilie (vier Spieler), die von den Affen sogar geärgert werden können (mit Zweigen und Grashalmen kitzeln). Plötzlich springt aber die Löwenmutter auf, und los geht die Jagd! Die Affen können sich retten, wenn sie einen (liegenden) Baumstamm erreichen. Gefangene Affen werden zu Löwenkindern.

Hilfsmittel für die Durchführung

Zum Markieren Stoffstreifen, die man um die Bäume knüpft.

Pädagogische Hinweise

Das bewegungsintensive Spiel verlangt von den Kindern Geschicklichkeit im Laufen, denn im unebenen Gelände stolpert man leicht. Es sollte deshalb keine Steine geben, und herumliegende Äste räumt man besser vorher weg.

Die „Hunde" müssen gut kooperieren, sich vorher vielleicht absprechen und ein bestimmtes „Kaninchen" aufs Korn nehmen, dem sie den Weg zum Bau abschneiden.

MINI-BURG

Gestaltungsspiel, Wettspiel
Ort: Wald, wildes Gelände, Abenteuerspielplatz
Dauer: Bis zu 60 Minuten
Eignung: Kinder von 6–10 Jahren; mehrere Kleingruppen von 3–4 Spielern

Beschreibung des Spiels

Die Spielgruppe teilt sich in kleine Teams auf, etwa drei bis vier Kinder. Jedes Team sucht sich im Gelände einen passenden Bauplatz und sammelt Steinchen zum Bau. Daraus wird eine Miniburg gebaut. Wenn das Steinmaterial zu rund ist, kann man feuchte Erde oder Moos als Mörtel benutzen. Später werden alle Burgen besichtigt, und alle werden preisgekrönt: die größte, die schönste, die lustigste, die festeste, die originellste Burg. Auch einen Namen bekommen die Festungen.

Variation

Wenn die Burgen fertig sind, verbinden wir sie mit Wegen, die über Berg und Tal, über kleine Brücken und durch verschiedene Tore führen.

Man kann das Wegesystem auch für sich bauen, ohne Burgen zu errichten.

Eine andere Variante ist der Nachbau der Chinesischen Mauer. Jede Kleingruppe baut einen Teil. Schließlich fügen wir alles zusammen.

Hilfsmittel für die Durchführung
Natursteinchen und andere Naturmaterialien.

Pädagogische Hinweise
Nach anfänglicher Skepsis werden die Teams schnell zu intensiv und begeistert arbeitenden Bautrupps. Bauen, noch dazu aus Naturmaterial, ist eine sehr urtümliche Tätigkeit. Bei dieser Aktion können Kinder unterschiedlichen Alters zusammenarbeiten.

NATURMUSEUM

Wahrnehmungsspiel, Suchspiel
Ort: Abwechslungsreiches Waldgelände mit Baumstümpfen
Dauer: Etwa 20 Minuten
Eignung: Kinder ab 6 Jahren

Beschreibung des Spiels

Wir wollen ein Naturmuseum einrichten mit lauter Sachen, die es hier im Walde gibt. Wie im richtigen Museum gibt es „Vitrinen", in denen man die Ausstellungsstücke bewundern kann.

Die Kinder werden in Kleingruppen zu drei oder vier Spielern eingeteilt. Jede Kleingruppe wählt sich ein besonderes Thema für ihre Ausstellung: Moose, Steine, Baumpilze, Flechten, Baumfrüchte, Blätter, Beeren, Rinden, Schneckenhäuser ...

Nun sollen die Kinder sammeln, und jede Gruppe nutzt einen Baumstubben oder einen Felsen zur Ausstellung ihrer Exponate. Es geht nicht nur um die Reichhaltigkeit der Sammlung, sondern auch um eine gefällige Anordnung. Später wandert die Gesamtgruppe von einer „Vitrine" zur anderen und besichtigt die Fundstücke. Dabei können die jeweiligen Sammler auch Erklärungen abgeben.

Variation

Jedes Kind geht allein auf die Suche nach irgendwelchen Besonderheiten. Die Sachen werden mit heimgenommen, dort ausgestellt und mit Schildchen versehen, auf denen fantasievolle Namen stehen: „Zwergenstock mit abgebrochener Spitze", „Scherbe einer Riesentasse", „Zweig vom gefährlichen Hexenbaum", „Ei des Mini-Brontosaurus" usw.

Hilfsmittel für die Durchführung

Für die Variante Schildchen aus Karton und Stifte.

Pädagogische Hinweise

Das Spiel regt die Kinder an, die Natur genauer wahrzunehmen und unbekannte Dinge zu entdecken. Fast alle Kinder sammeln gern, so kommt ihnen diese Art der Naturentdeckung entgegen. Bei der Variante können sie zusätzlich ihre Fantasie einsetzen.

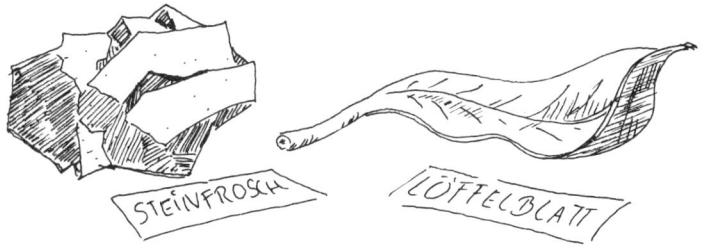

STEINFROSCH   LÖFFELBLATT

SCHATZRÄUBER

Fangspiel, Kampfspiel
Ort: Spielplatz, Schulhof, Sportplatz, Turnhalle, Wald
Dauer: ca. 5 Minuten
Eignung: Für Kinder von 8–12 Jahren

Beschreibung des Spiels
Wir zeichnen auf den Boden ein Rechteck von 4 mal 6
Meter, das ist die Schatzkammer des Sultans. An der
Schmalseite sind zwei Mitspieler als Wächter aufgestellt – hier ist die Tür. Alle übrigen Spieler sind Schatz-
räuber, die an den Wächtern vorbei in die Schatzkammer eindringen wollen, um Edelsteine zu stehlen
(vorher gesammelte und in der „Schatzkammer" ver-
streute Steinchen, etwa 50 Stück). Wer dabei von den
Wächtern angeschlagen wird, wandert ins Gefängnis
und muß auch die Schätze wieder hergeben. Die Räuber versuchen, die Wächter zu täuschen – sie tun vielleicht so, als wollten sie rechts einbrechen, unterdessen hat sich einer links eingeschlichen. Und während
die Wächter im Gewölbe einen Räuber jagen, brechen
drei neue ein.
Nach 5 Minuten bricht die Spielleiterin mit dem Ruf
„Der Sultan kommt" den Kampf ab. Jetzt zählt jede
Partei ihre Steine – wer hat die meisten?

Variation

Wenn man statt der Steinchen verpackte Bonbons nimmt, ist dies ein Spiel für ein kleines Gruppenfest. Dann machen die Wächter am Schluß mit den Räubern gemeinsame Sache, und alles wird geteilt!

Hilfsmittel für die Durchführung

Kreide, 50 Steinchen.

Pädagogische Hinweise

Beide Parteien müssen jeweils miteinander kooperieren, sich vielleicht beraten und einen Plan ausdenken, wie sie zum Erfolg kommen können. Bei diesem Spiel muß man die Taktik des Gegners erraten und reaktionsschnell sein.

Insgesamt sollte die Sache mehr den Charakter eines Rollenspiels haben und nicht in einen verbissenen Kampf ausarten. Es darf gelacht werden!

STEINTURM-STAFFETTE

Staffelspiel, Wettspiel, Geschicklichkeitsspiel
Ort: Wald und Feld, Strand, Spielplatz, Garten, Schulhof
Dauer: Ein Durchgang ca. 5 Minuten
Eignung: Kinder ab 8 Jahren; Gruppen von 8–20 Teilnehmern

Beschreibung des Spiels
Die Spielgruppe teilt sich in zwei Mannschaften auf. Jetzt sucht sich jeder einen Stein, so groß, daß man ihn bequem in der Faust verbergen kann. Zum Staffellauf stellen sich die Spieler hintereinander auf. Im Abstand von 5 Metern liegt für jede Mannschaft ein zusammengefaltetes Taschentuch, etwa 10 x 10 cm groß. Die Aufgabe besteht darin, zum Taschentuch zu laufen, den Stein dort abzulegen, zur Mannschaft zurückzurennen und den nächsten Spieler anzuschlagen. Wer seinen Stein neben das Taschentuch fallen läßt, muß ihn wieder mit zurücknehmen und dem nächsten Kameraden übergeben, der jetzt also zwei Steine aufzusetzen hat. Die Aufgabe wird immer schwieriger, weil durch die kleine Fläche die Steine nicht nur neben-, sondern auch übereinander abgelegt werden müssen.

Variation

Diesmal ist der Steinturm bereits aufgebaut, und jeder muß hinlaufen und einen wegholen, ohne daß andere Steine vom Taschentuch herunterrollen. Passiert das doch, so müssen sie wieder aufgesetzt werden, was natürlich Zeit kostet.

Hilfsmittel für die Durchführung

Für jeden Spieler einen Stein, der in die Faust paßt, zwei Papier-Taschentücher.

Pädagogische Hinweise

Das Spiel braucht einen unparteiischen Schiedsrichter, da die Kinder vielleicht vertuschen wollen, wenn ihnen ein Stein heruntergefallen ist. Da die letzten Spieler in der Reihe im Nachteil sind, sollte man die Variation gleich anschließen, denn diesmal haben es die letzten am leichtesten.

VERSTECKTER STEIN

Suchspiel
Ort: Wiese
Dauer: Ein Durchgang ca. 4 Minuten
Eignung: Für Kinder von 4–10 Jahren; Gruppen bis zu 20 Kindern

Beschreibung des Spiels

Die Suchgruppe faßt sich an den Händen und bildet einen großen Kreis. Dann geht jeder noch einmal drei oder vier Schritte zurück und setzt sich hin. Damit ist das Spielfeld abgesteckt. Während der spätere Sucher sich die Augen zuhält, versteckt jemand einen etwa faustgroßen Stein irgendwo im Gras.

Jetzt darf der Sucher beginnen. Wenn er große Schwierigkeiten hat, darf die Spielgruppe mit „heiß" und „kalt" Hilfestellung geben.

Wenn der Stein gefunden ist, darf der Sucher ihn erneut verstecken.

Variation
Je kleiner die Spielgruppe ist, desto kleiner darf auch der Stein sein. Natürlich kann auch jeder andere Gegenstand versteckt werden.
Im Zimmer braucht man kein Spielfeld abzugrenzen, und der Gegenstand wird offen irgendwo hingelegt.

Hilfsmittel für die Durchführung
Ein faustgroßer Stein.

Pädagogische Hinweise
Dieses Spiel eignet sich gut bei einer Rast, wenn die Gruppe fußmüde ist. Während sich die meisten ausruhen und zuschauen, ist einer aktiv und muß sich stark konzentrieren.
Es ist gar nicht so leicht, in gleichförmigem Gelände den Stein wiederzufinden, manchmal hat der Verstecker selber Schwierigkeiten!

DIE SIEBEN RÄUBER

Sprechspiel, Bewegungsspiel
Ort: Weg, Straße, Hof, auch Gruppenraum
Dauer: Etwa 4 Minuten, wiederholbar
Eignung: Kinder ab 7 Jahren; mehrere Kleingruppen
von 3–4 Spielern

Beschreibung des Spiels

Je nach Platz bilden drei bis vier Kinder eine Reihe und
fassen sich mit überkreuzten Armen an. So marschiert
man gemeinsam den Weg entlang, immer im Rhythmus des Gedichtes. Bei „Hu, ha, hu" wird angehalten
und auf der Stelle auf den Boden gestampft. Die letzten Teile jeder Strophe werden immer wiederholt, so
daß das Gedicht länger und länger wird. Zum Schluß
löst sich die Gruppe auf und rennt ein Stück.

Variation

Das Gedicht läßt sich auch im Raum und im Stuhlkreis
verwenden, wo man noch passende pantomimische
Bewegungen dazu macht. Wir marschieren dann auf
der Stelle und klatschen bei „Hu – ha – hu" in die Hände.

Hilfsmittel für die Durchführung
Keine.

Pädagogische Hinweise

Lange Wanderwege können durch ein Spiel wie dieses verkürzt werden, das den Kindern außerdem eine lustige Fantasiegeschichte bietet. Gewöhnlich lassen sich Grundschulkinder durch starken Rhythmus ansprechen. Daneben verlangt das Spiel eine gute Koordination mit den Bewegungen des Nebenmanns. Den langen Text müßte die Spielleiterin nach und nach vorsprechen, die Kinder werden ihn schnell behalten. Es wäre günstig, das Spiel während einer Spielstunde im Raum zu üben und erst dann im Freien auszuprobieren, damit die Kinder den Text schon können.

Die sieben Räuber

Die sieben Räuber sind erwacht,
hu, ha, hu,
sie schleichen durch die finstre Nacht.
Hu, ha, hu!

Sind erwacht, finstre Nacht,
hu, ha, hu, ha, hu!

Der erste mit dem großen Hut,
hu, ha, hu,
der ist fast blind, der sieht nicht gut.
hu, ha, hu.

Sind erwacht, finstre Nacht,
mit dem Hut sieht nicht gut,
hu, ha, hu, ha, hu!

Der zweite ist ein Hinkebein,
sein Fuß ist groß, der Schuh zu klein.
Der dritte ist ganz schief und krumm,
und außerdem ein bißchen dumm.

Der vierte hat das Ohr voll Dreck,
der kann nicht hören, ach du Schreck!

Der fünfte hat 'ne Schnupfennas,
da tropft es immer in das Gras.

Der sechste hat kein Hemde mehr,
dem ist so kalt, der friert so sehr.

Der siebte möchte Hauptmann sein,
doch ist er leider viel zu klein.

Auf einmal springt ein Hase auf,
da fliehen sie in schnellem Lauf!

SPIELE IM DUNKELN

AUSREISSER FINDEN

Suchspiel, Wahrnehmungsspiel
Ort: Schlaftrakt im Heim mit allen Schlafzimmern
Dauer: Etwa 10 Minuten oder länger
Eignung: Für Kinder von 6–9 Jahren; Gruppen von Klassenstärke

Beschreibung des Spiels

Vor dem Abendessen bittet die Spielleiterin darum, daß alle Kinder ihre Kuscheltiere holen, weil die Tiere eine Versammlung machen wollen. Das hat der große Hase von Sabine ihr ins Ohr geflüstert. Alle Tiere kommen miteinander in einen Korb und werden nach nebenan gebracht. Wir könnten das Plüschvolk auch heimlich „entwenden". Außerdem sollen die Kinder ihre Taschenlampen in den Eßraum mitbringen, weil nachher – angeblich – an der Leitung etwas repariert werden muß.

Während des Essens verteilt ein Betreuer – oder ein vertrauenswürdiges Kind – die Tiere wahllos in den Schlafzimmern.

Bevor die Kinder vom Tisch aufstehen, kommt die Schreckensnachricht: Die Kuscheltiere sind ausgerissen! Also knipsen wir die Taschenlampen an, und jeder sucht so lange, bis er seinen Schlafgenossen wiedergefunden hat. Natürlich kann man sich dabei auch gegenseitig helfen. Vielleicht hat Nana Toms Bären in Raum 8 gesehen?

Variation

Statt der Kuscheltiere werden dicke Kiefernzapfen verteilt, die wir vorher im Wald gesammelt haben. Die
Zapfen sind gezählt. Jeder bringt auf den Flur, was er
findet, bis die Anzahl vollständig ist. Auch hier arbeiten wir mit Taschenlampen.

Hilfsmittel für die Durchführung

Von jedem Kind ein Kuscheltier, für jeden Teilnehmer
eine Taschenlampe. Bei der Variante werden mindestens 50 dicke Kiefernzapfen gebraucht.

Pädagogische Hinweise

Die Kuscheltiere sind unseren jüngeren Schülern noch
außerordentlich wichtig und werden zum Schlafen und
Wohlbefinden unbedingt gebraucht. Es kann sein, daß
einige Kinder ihr Tier nicht gerne hergeben. Wir setzen das Plüschvolk dann vielleicht in einem Neben-
zimmer in den Kreis, so daß das Kind genau sieht, wo
sein Schlafgenosse ist.
Die Suche wird dann intensiv sein. Erste Erfolge machen den anderen Kindern Hoffnung, daß sie ihr Tier
ebenfalls wiederfinden können. Weil das Taschenlampenlicht den Raum nur partiell beleuchtet, ist auch ein
offen hingesetztes Tier nicht so leicht zu sehen. Den
erfolglosen Kindern muß man ein bißchen helfen. Vielleicht ziehen alle noch einmal los, um auch den aller-
letzten Hasen zu finden.

BLINDER PASSAGIER

Suchspiel
Ort: Flur des Schlaftraktes im Heim und alle Schlaf-
zimmer
Dauer: Je nach Anzahl der Kinder, ca. 20 Minuten
Eignung: Kinder ab 6 Jahren; Gruppen von Klassen-
stärke

Beschreibung des Spiels

Wir beginnen das Spiel, wenn alle Kinder gerade ins
Bett gegangen sind.

Manchmal wollen abenteuerlustige Leute heimlich mit
einem Schiff mitfahren, ohne zu bezahlen. Damit man
sie nicht entdeckt, verstecken sie sich gut.

Alle Schlafzimmer sind solche Schiffe. Je ein Kind aus
jedem Zimmer darf auf den Flur kommen, die anderen
kriechen erst mal in die Betten, ziehen sich die Decke
über den Kopf und sind ganz leise. Die Türen bleiben
offen, die Lichter werden ausgeknipst. Jetzt schleichen
sich die „blinden Passagiere" einzeln in fremde Zimmer ein. Auf ein Zeichen der Spielleiterin („Blinder
Passagier gesichtet") dürfen sie gesucht werden, und
zwar im Dunkeln. Haben die Schiffsleute den blinden
Passagier gefunden, bringen sie ihn „von Bord", näm-
lich auf den Flur. Nach einer gewissen Zeit darf Licht
gemacht werden, damit man auch die letzten Passagiere entdeckt, die dann wieder in die eigenen Zimmer gehen. Jetzt wird ein neues Kind aus jedem Zimmer losgeschickt, und das Spiel beginnt von vorn, bis
jeder einmal dran war.

Variation
Alle Kinder kommen auf den Flur und halten sich die Augen zu. Einer wird angetippt, und nur dieser schleicht sich in ein Zimmer. Alle gehen in ihre Zimmer und suchen, bis sie irgendwo den blinden Passagier entdecken.

Hilfsmittel für die Durchführung
Keine.

Pädagogische Hinweise
Für dieses Spiel sollten sich die Klassenkameraden schon ein wenig kennen und keine Berührungsängste mehr haben. Beim Suchen müssen sich die Kinder vor allem auf ihren Tastsinn verlassen. Dabei werden sie an andere Sucher stoßen und manchmal nicht wissen, wer wer ist. Es macht nichts, wenn auf dem Flur oder im Zimmer das Notlicht brennt. Taschenlampen muß man vielleicht vorher einsammeln!
Im Schlafanzug zu spielen, wird für die Kinder etwas ganz Neues sein. Da sich manche sowieso gerne in andere Zimmer einschleichen, dürfen sie das hier nach bestimmten Regeln tun. In der vierten Klasse sind manche Kinder schon in der Vorpubertät, dann könnte es zu Peinlichkeiten kommen, und wir verzichten lieber auf dieses Spiel. Eventuell behalten wir bestimmte Kinder als „Polizei" auf dem Flur und damit unter Aufsicht.

EINE NACHTGESCHICHTE

Erzählspiel
Ort: Längerer Weg durch abwechslungsreiches Gelände, wo es zum Beispiel Felsen gibt, einen Bach, ein verfallenes Gebäude, Wald, Wiese …
Dauer: Beliebig, mindestens 30 Minuten
Eignung: Kinder von 6 Jahren an; Gruppen von Klassenstärke

Beschreibung des Spiels
Wir bereiten die Kinder auf eine kleine Wanderung im Dunkeln vor. Taschenlampen bleiben zu Hause, nur die Spielleiterin hat eine dabei. In unserem Landstrich ist es ja nie ganz finster. Wir können schon in der Dämmerung losgehen, dann gewöhnen sich die Augen gut an das schwindende Licht.
Die Wanderung wird immer wieder unterbrochen zum Erzählen einer Geschichte.
Die Erzählung darf märchenhaft sein: Da gibt es einen jungen Ritter, der sein Pferd besteigt und auf Abenteuer auszieht. Ja, genau hier hat er seine erste Rast gemacht, und das Pferd durfte aus dem Bach trinken. – Wir gehen weiter. – An einer anderen Stelle hörte der Ritter ein lautes Weinen. Es kam von diesem Felsen dort. Da saß eine arme Jungfrau, die von einem Drachen dorthin gebracht worden war … So geht es weiter von Station zu Station, bis die Jungfrau erlöst ist.
Während des Erzählens fragen wir die Kinder, wie es wohl weitergehen wird. Wenn es möglich ist, werden die Ideen aufgenommen und eingebaut. Je klischeehafter die Geschichte ist, desto einfacher geht das.

Variation

Um die Geschichte noch anschaulicher zu machen, können die Kinder passende Geräusche dazu fabrizieren. Man hört vielleicht die klappernden Hufe, das Wehegeschrei des Fräuleins, das Geschnauf des Drachens. Die Spielleiterin hat dann einen Korb dabei, aus dem sie die passenden Geräuschinstrumente verteilt.

Hilfsmittel für die Durchführung

Eine märchenhafte Geschichte, die man sich am besten selbst ausdenkt; für die Variante werden Geräuschinstrumente gebraucht.

Pädagogische Hinweise

Es wäre günstig, wenn man den Weg zuvor einmal abgehen könnte, aber auch unvorbereitet lassen sich die Gegebenheiten miteinbeziehen.

Die Geschichte sollte eher lustig als gruselig sein, weil die Kinder im Dunkeln sowieso leicht ängstlich sind. Sicher werden sie ausnahmsweise gerne zu zweit angefaßt gehen. Man muß auch darauf achten, daß nicht etwa einzelne Kinder den Mitschülern Angst machen. Und damit niemand anfängt zu frieren, sind die Teile der Geschichte immer ganz kurz.

GEISTERFEST

Rollenspiel
Ort: Zum Thema passendes Gelände im Freien: ein Burghof, eine Bergkuppe, eine Waldlichtung. Hauptsache, es ist dunkel!
Dauer: Beliebig
Eignung: Kinder im Grundschulalter; Gruppen von Klassenstärke

Beschreibung des Spiels
Das Geisterfest findet an einem geheimen Ort im Dunkeln statt, und wir müssen die Kinder erst hinführen. Am Ort verkleiden sich alle, indem sie sich Schleierstoffe über den Kopf hängen. Alle haben eine Taschenlampe mit, die jetzt angeknipst wird. Wir können die Lampen vorher mit verschiedenfarbigem Transparentpapier umkleiden.
Von einem mitgebrachten Kassettenrecorder ertönt Musik, nach der die Kinder sich frei bewegen. Mitten im Tanz erscheint ein großes Obergespenst, vor dem sich alle verneigen müssen. Dann umtanzen wir es in einem großen Kreis und winken dazu mit den Lampen. Das Obergespenst bringt den Geistern noch echtes Gespensterheulen oder gruseliges Stöhnen bei, vielleicht auch einen neuen Tanz. Hat alles gut geklappt, verteilt das Obergespenst „Geisterküsse". Schließlich verabschiedet es sich, und alle Geister schluchzen.

Variation

Das Spiel läßt sich beliebig ausbauen. Zum Beispiel könnte man alle Taschenlampen im Kreis herumgeben, bis jedes Kind wieder seine eigene hat. Einige Geister könnten ein vorher gelerntes Gespenstergedicht aufsagen. Ein kleiner Geistersketch kann aufgeführt werden, und wir singen Gespensterlieder. Wenn alle ihre Taschenlampen in der Mitte zusammenlegen und ein rotes Seidentuch darübergelegt wird, haben wir ein Geister-Lagerfeuer. Oder alle Spieler leuchten nacheinander die verschiedenen Gespenster im Kreise an.

Hilfsmittel für die Durchführung

Für jedes Kind eine Taschenlampe, ein Stück Store oder Schleierstoff. Kassettenrecorder mit Batterien, etwas Eßbares zum Verteilen.

Pädagogische Hinweise

Das Spiel wird nur richtig schön, wenn man ein entsprechendes Gelände gefunden hat. Das muß sich die Spielleiterin vorher genau ansehen und alles wegräumen, worüber ein Kind im Dunkeln stolpern könnte. Das kann man sogar mit den Kindern gemeinsam tun. Es macht nichts, wenn sie den Spielort schon vorher kennenlernen. Man kann ihnen erzählen, daß sich hier in der Nacht die Gespenster treffen …
Wichtig ist, daß jedes Kind eine funktionierende Taschenlampe hat. Für Ersatzlampen, vor allem Batterien, muß gesorgt sein.

GESPENSTERHOCHZEIT

Wahrnehmungsspiel, Suchspiel
Ort: Gruppenraum, Turnhalle, Saal
Dauer: Je nach Teilnehmerzahl, ca. 5–10 Minuten
Eignung: Kinder ab 6 Jahren, auch Jugendliche; Gruppen von 10–30 Teilnehmern

Beschreibung des Spiels

Die Gespensterkönigin will Hochzeit halten, und alle Geister sind eingeladen. Damit ein langer Hochzeitszug entsteht, sollen immer zwei Gespenster zusammengehen. Nun müssen die Geister einen passenden Partner finden, indem sie ihren typischen Ruf hören lassen. Wir brauchen einen großen Raum, in dem möglichst keine Hindernisse herumstehen. Jedes Kind erhält ein Zettelchen mit seinem Gespensterruf. Es merkt sich den Ruf, alle verteilen sich an den Wänden des Raumes, und jetzt machen wir es so dunkel wie möglich. Nur ein einziges Teelicht brennt in einer Ecke (oder eine Taschenlampe, die mit einem Tuch überdeckt ist) . Die Gespenster sollen sich an ihrem Ruf erkennen und sich gegenseitig finden, dann gehen sie mit ihrem Partner in die schwach beleuchtete Ecke. Sind alle beieinander, machen wir nach leiser Musik eine Polonaise, zu der wir vorher noch ein paar weitere Lichter anzünden. Die Spielleiterin ist die Gespensterkönigin, die mit ihrem Partner (es kann ein Kind sein) die Polonaise anführt.
Die Gespensterrufe heißen: Haha, Huhu, Hehe, Hoho, Hähä, Hühü, Höhö, Hauhau, Heuheu, Heihei, vielleicht

noch Brr und Mmm und Ffft. Jeder Ruf kommt zweimal vor.

Variation

Man kann das Spiel ebensogut bei heller Beleuchtung spielen. Statt der Gespensterrufe können es Tierstimmen sein, so daß die Kinder einen Tierpartner finden müssen. Falls die Kinder noch nicht genug lesen können, zeichnen wir ihnen die Tiere in einfachster Form auf den Zettel.

Hilfsmittel für die Durchführung

Pro Kind ein Zettel mit dem Gespensterruf oder mit einem Tierbild, wobei es immer zwei gleiche geben muß.

Pädagogische Hinweise

Wir müssen die Spieler darauf hinweisen, daß man sich sehr vorsichtig bewegen muß, damit niemand im Dunkeln umgerannt wird. Es ist aber sowieso die Art der Gespenster, sich leise und schwebend fortzubewegen! Das Spiel beginnt sehr laut, weil anfangs noch alle rufen. Mit der Zeit wird es aber ruhiger, und so haben die letzten Gespenster besonders gute Chancen, sich zu finden.

Weil im Grundschulalter oft die Mädchen keinen Jungen anfassen mögen und umgekehrt, kann man den Paaren für die Polonaise kleine Stücke Schnur in die Hand geben, „Ketten", an denen sie sich festhalten (Gespenster berühren sich nicht gegenseitig).

LICHTERFEST

Kreatives Spiel
Ort: Wiese, asphaltierter Platz, Spielfeld, Sandplatz
Dauer: ca. 30–40 Minuten oder mehr
Eignung: Kinder ab 9 Jahren; mehrere Kleingruppen
von 4–5 Spielern, insgesamt bis zu 20 Teilnehmer oder
mehr

Beschreibung des Spiels
Wichtig für diese Aktion ist zunächst einmal das richtige Gelände. Wir brauchen viel Platz, und es darf dort nichts sein, was Feuer fangen könnte. Gut geeignet ist ein kurzgeschorener Rasen. Die Klasse wird in Kleingruppen aufgeteilt. In jeder Kleingruppe sollte ein Kind sein, das gut zeichnen kann.
Zunächst entwerfen die Kinder ein symmetrisches Muster auf ein DIN A4-Blatt mit quadratischen Karos. Durch Falten und Durchpausen (am Fenster) kann es schön gleichmäßig werden. Dann wird das Muster mit lauter kleinen Quadraten überzogen (Kantenlänge 3 cm). Solche Quadrate übertragen wir in vergrößerter Form (z.B. 30 x 30 cm) mit gespannten Wollfäden auf den Rasenplatz. Die Fäden werden an kleinen Pflökken festgemacht, die man in den Rasen steckt (man kann sie vorher im Wald sammeln). Nun sollen die Kinder ihre Zeichnung Kästchen für Kästchen übertragen, indem sie eine Spur aus Sand, Sägespänen oder dunkler Blumenerde streuen.
Sobald es dämmert, werden auf die Striche viele Tee-

lichter gesetzt. Damit die Dochte nicht feucht werden, tun wir das erst kurz vor Beginn des Anzündens.

Wenn alle Gruppen fertig sind, werden die Kerzen angemacht, und zwar von innen nach außen, damit niemand sich verbrennt. Jetzt können wir zwischen den Lichterfiguren herumspazieren und alles anschauen.

Variation

Wenn das Gelände es erlaubt, können die Kinder auch direkt auf den Platz malen, z.B. mit Kreide auf Asphalt, und es dürfen auch Tierfiguren, Blumen und Bäume sein. Zur Verschönerung hängen wir noch Laternen in Bäume oder setzen Windlichter als Wegweiser auf den Pfad. Und als Höhepunkt der Aktion brennen wir eine ganze Reihe von Wunderkerzen ab.

Hilfsmittel für die Durchführung

Etwa 100 Teelichter für jede Kleingruppe oder entsprechend viele Baumkerzen. Zum Streuen Sand, Blumenerde oder Sägespäne. Für die Vorzeichnungen DIN A4-Blätter mit Karomuster, Bleistifte, Radiergummis, Wollfäden zum Spannen des Rasters, kleine Pflöcke, eventuell Wunderkerzen, Laternen, Windlichter.

Pädagogische Hinweise

Diese Aktion regt die Fantasie an, und die Kinder müssen kooperativ arbeiten, wobei am Schluß etwas Sichtbares und sehr Schönes herauskommt.

MITTERNACHTSMODENSCHAU

Darstellendes Spiel, Kreatives Spiel
Ort: Gruppenraum, Turnhalle
Dauer: Mit Vorbereitung ca. 20 Minuten
Eignung: Kinder ab 6 Jahren; Gruppen von Klassenstärke und mehr

Beschreibung des Spiels

Wir bauen zunächst aus Tischen einen Laufsteg. Rechts und links davon werden Stühle für die Zuschauer aufgestellt.

Alle Kinder machen sich bettfertig und kommen dann in Schlafsachen und mit Pantoffeln an den Füßen in den Aufenthaltsraum oder die Halle. Die Spieler werden in drei Gruppen aufgeteilt. Jeweils zwei Gruppen sitzen auf den Zuschauerbänken, die anderen sollen einzeln über den Laufsteg gehen. Dann wird gewechselt, die nächste Gruppe kommt dran. Dem Spielthema entsprechend heißen die Gruppen zum Beispiel „Lagerfeld", „Dior" und „Chanel".

Die Spielleiterin ist die Ansagerin mit einem „Mikrofon" (Federtasche, Tannenzapfen oder dergl). Sie stellt die Kollektionen der einzelnen Modehäuser vor, zunächst im Ganzen, indem sie die Models gemeinsam über den Laufsteg schickt, dann im einzelnen, indem sie die Nachtkleidung jedes Kindes vorstellt und kommentiert. Leise Musik kann die Vorführung unterstreichen, und mit einer Nachttischlampe als Scheinwerfer können wir die Darstellung geheimnisvoll ausleuchten. Das Neonlicht knipsen wir natürlich aus.

106

Variation

Die Kinder dürfen ihre Nachtkleidung tauschen, verkehrt herum anziehen, mit Schal und Mütze ergänzen, die Pantoffeln an den Händen tragen oder sonstwie eine Verkleidung erfinden. Es wäre dann eine kurze Besprechung mit den einzelnen Darstellern nötig. Wie wäre es mit Schlafbrillen? Mit Taillenwärmern? Mit entspannenden Rückenstützen?
Statt des üblichen Brautkleides am Ende der Show tritt ein Nachtgespenst auf.

Hilfsmittel für die Durchführung

Tische für den Laufsteg, vorhandene Nachtwäsche, alte Stores oder Schleiergewebe für das Gespenst, möglichst eine Nachttischlampe oder mehrere, Kabelrollen oder Verlängerungsschnüre, Kassettenrecorder mit leiser Musik.

Pädagogische Hinweise

Es ist wichtig, zunächst die ganze Gruppe auf den Laufsteg zu schicken, weil die Kinder sonst Hemmungen haben. Die Darstellung soll lustig sein, aber nicht so, daß die „Models" auf dem Laufsteg ausgelacht werden. Die Ansagerin hat es in der Hand, auch der seltsamsten Nachtgewandung noch eine positive Seite abzugewinnen. Kinder wären damit sozial überfordert, darum sollte sie diese Rolle nicht aus der Hand geben.

NACHTKURIER

Selbsterfahrungsspiel, Mutprobe
Ort: Übersichtlicher Weg im Gelände, möglichst geteert
Dauer: Je nach Mitgliederzahl, ca. 20 Minuten
Eignung: Kinder ab 9 Jahren; Gruppen bis zu Klassen-
stärke

Beschreibung des Spiels

Früher mußten oft heimliche Nachrichten von einem
Land in das andere gebracht werden. Dann wurden die
Boten in der Nacht losgeschickt. „Nachtkurier" nann-
te man so einen nächtlichen Botengänger.
Wir suchen eine geeignete Wegstrecke aus. Sie soll
möglichst dunkel sein (also keine Straßenlampen),
möglichst glatt (damit niemand stolpert), dazu so über-
sichtlich, daß man ein Taschenlampenlicht aus der Fer-
ne erkennt.
Ein Betreuer entfernt sich mit der halben Klasse rund
fünfzig Meter von der ersten Gruppe. Er könnte der
König sein, dem die Botschaften zu überbringen sind.
Jetzt werden die Kinder einzeln mit Briefen (Papierrol-
len) losgeschickt, um sie dem König zu überbringen.
Ein Lichtsignal sagt uns dann, daß das Kind sein Ziel
erreicht hat. Nun schickt der König einen anderen Boten zurück, dessen Ankunft wieder mit einem Signal
(evtl. Trillerpfeife) bestätigt wird. Schließlich haben alle
Kinder den Platz gewechselt.

Variation

Die Boten könnten auch gleichzeitig losgeschickt werden, so daß sie sich in der Mitte treffen, die Nachricht übergeben und wieder zurücklaufen. Bei kleineren Kindern könnte man Laternen in die Bäume hängen oder Teelichter auf den Boden stellen, um ihnen den Weg zu erleichtern. Dabei ist aber zu berücksichtigen, daß man durch die kleinen Lichtquellen nicht etwa besser sieht, sondern schlechter!

Hilfsmittel für die Durchführung

Eine Taschenlampe und eine Trillerpfeife, um Signale geben zu können, ein „Brief" in der Form einer Papierrolle (das kann auch ein Stöckchen sein), für die Variante Laternen oder Teelichter.

Pädagogische Hinweise

Selbst ältere Kinder werden im Dunkeln plötzlich kleinlaut und ängstlich. Meistens sind sie es überhaupt nicht gewöhnt, in völliger Finsternis draußen zu sein. Deshalb ist die Anforderung nicht gering, und manche Kinder werden die Mutprobe gar nicht in Angriff nehmen. Das Spiel verlangt Vertrauen vom Kind, sowohl in die eigenen Fähigkeiten als auch in den Erwachsenen, daß er wirklich am Ziel auf das Kind wartet.

Um Ängste abzubauen und nicht zusätzlich zu produzieren, sollten wir niemand zwingen oder überreden, diese Probe auf sich zu nehmen. Ängstliche Kinder dürfen zu zweit oder dritt gehen.

RATTENFÄNGER

Wahrnehmungsspiel, Suchspiel
Ort: Wege in abwechslungsreichem Gelände, am besten im Wald
Dauer: Je nach Altersstufe 20–40 Minuten
Eignung: Kinder ab 9 Jahren; Gruppen von Klassenstärke

Beschreibung des Spiels
Der Rattenfänger hat seinerzeit die Kinder aus der Stadt Hameln gelockt und in einen Berg geführt. Nie sah man sie wieder …
Wir machen eine kleine Wanderung im Dunkeln, möglichst in einem Gelände, wo es viele Wege mit Kreuzungen und Abzweigungen gibt. Den Weg kennt niemand, nur der Rattenfänger: Ein Betreuer geht eine Minute vorher los und flötet unausgesetzt, so daß wir uns nach seiner Musik richten können. Bei Kreuzungen passen wir besonders auf!
An einem ausgesuchten Platz (Grillhütte, Burgmauer, Aussichtsturm) wartet der Rattenfänger auf uns. Hier singen wir gemeinsam ein Nachtlied, oder es gibt noch eine süße Überraschung. Sicher wird der Rattenfänger seine Geschichte erzählen und dabei verraten, wohin er die Kinder damals geführt hat. Den Rückweg (er sollte kürzer sein) finden wir dann gemeinsam.

Variation

Schwieriger ist es, einem Glockengeist zu folgen, der nur dann und wann bimmelt. Das ist dann eine Aufgabe für die älteren Kinder. Eine besondere Überraschung wäre es, wenn wir zu einer Grillhütte kämen, wo schon die Würstchen braten! Hier ist die Mithilfe von Eltern gefragt.

Hilfsmittel für die Durchführung

Ein Flötenspieler, eine Flöte, eine Taschenlampe (zur Orientierung), Markierungsbänder. Eventuell Süßigkeiten für die Wanderer.

Pädagogische Hinweise

Der Flötenspieler muß den Weg bei Tage genau abgehen und eventuell Zeichen an die Bäume machen, damit er sich im Dunkeln auf gar keinen Fall verirrt. Das passiert leichter, als man denkt, weil im Finstern die Entfernungen länger erscheinen oder weil man Abzweigungen übersieht. In felsigem Gelände kann ein Echo entstehen und die Sucher narren. Deshalb darf er nie zu weit vor der Gruppe gehen.

Das gemeinsame Gehen im Dunkeln und die Orientierung nach Musik kann zu einem tiefen Erlebnis werden.

SCHATTENRATEN

Darstellendes Spiel, Ratespiel
Ort: Gruppenraum, Klassenzimmer
Dauer: Beliebig, 20–40 Minuten
Eignung: Kinder ab 6 Jahren oder jünger; Gruppen bis
zu Klassenstärke

Beschreibung des Spiels

Wir brauchen eine aufgespannte Leinwand als Bild-
schirm. Dazu eignet sich ein weißes Bettlaken, noch
besser sind aber zwei, die aneinander genäht wurden.
Zum Aufhängen spannen wir eine Wäscheleine durch
den Raum – es kommt auf die gegebenen Umstände
an, wo man sie befestigen kann (an einem Rohr, an einem Fensterkreuz, im Rahmen einer Verbindungstür).
Ideal wären zwei Kartenständer, wo wir statt der Leine
eine lange Leiste einklemmen und das Laken daran
befestigen können.
Nun benötigen wir eine Lichtquelle. Der Tageslichtprojektor erlaubt besonders viele Experimente, aber dann
ist hinter der Leinwand ein Abstand von mindestens
drei Metern nötig. Es läßt sich auch mit einer einfa-
chen Nachttischlampe arbeiten, ja selbst eine Kerze
genügt.
Die Kinder sitzen vor der Leinwand. Eine kleinere
Gruppe agiert: Sie verbirgt sich hinter der Lichtquelle,
und nach und nach tritt jeder einmal dicht an die Leinwand heran und soll von den Zuschauern geraten werden. Wer ist das?
Dann wird gewechselt, damit jedes Kind einmal dran-
kommt.

Variation

Das Personenraten wird schwieriger, wenn man sich ein kleines bißchen verkleidet oder die Frisur verändert: Ponyfransen werden unter einer Mütze versteckt, durch Ausstopfen der Kleidung sieht man dicker aus, eine lange Papiernase verändert das Gesicht.

Steht ein Tageslichtprojektor zur Verfügung, kann man verschiedene Dinge auf die Scheibe legen und raten lassen – oder einfach mit den Schatten experimentieren.

Hilfsmittel für die Durchführung

Ein oder zwei weiße Bettlaken, eine Wäscheleine, Wäscheklammern oder Sicherheitsnadeln zum Befestigen, eventuell Kartenständer und eine lange Latte. Als Lichtquelle Tageslichtprojektor oder Nachttischlampe, auch eine große Taschenlampe oder eine Kerze.

Pädagogische Hinweise

Schattenspiele sind faszinierend, und weil man einen Klassenraum gewöhnlich nicht ganz abdunkeln kann, bietet gerade ein Heimaufenthalt die gute Gelegenheit, eine „Nachtaktion" mit Schattenspiel zu gestalten.

Schatten wirken ein bißchen fremd, so ist es gar nicht einfach, die Klassenkameraden zu erraten, besonders, wenn sie sich durch Kostümteile verändern.

Das beschriebene Spiel ist nur ein bescheidener Anfang, könnte aber der Einstieg zu kleinen Theaterszenen sein.

VERSTECKEN IM FINSTERN

Wahrnehmungsspiel, Suchspiel
Ort: Schlafräume im Heim, Flure, Treppenhaus, Waschraum
Dauer: Je nach Teilnehmerzahl, ca. 10 Minuten, wiederholbar
Eignung: Kinder ab 6 Jahren; Gruppen von 10–30 Teilnehmern

Beschreibung des Spiels

Vier oder fünf Kinder werden als Sucher mit Taschenlampen ausgerüstet. Alle anderen verstecken sich, und zwar nur in Räumen, die wir vorher festlegen. Die Türen der Räume bleiben dabei offen. Sobald alle versteckt sind, machen wir die Lichter aus. Die Sucher müssen mit ihren Taschenlampen alle versteckten Mitspieler finden und in einen Sammelraum bringen. Schließlich wird ein Glöckchen geläutet, dann müssen auch die letzten hervorkommen, die kein Sucher entdeckt hat.

Variation

Alle Kinder sind Nachttiere (Eulen, Marder, Dachse, Igel). Ein ganzer Transport davon, für einen Zoo bestimmt, ist umgekippt, und die „Tiere" haben sich in diesem Haus verkrochen. Jetzt müssen die Zoowärter alle wiederfinden ...
Ein andermal ist das Heim ein altes Schloß. Die Besit-

zer wollen ein Hotel daraus machen. Leider haben sich im Laufe der Jahrhunderte Gespenster hier eingenistet, die man nur in der Nacht aufspüren kann. Das Schloß muß von Gespenstern befreit werden, damit sich kein Gast etwa erschreckt.

Hilfsmittel für die Durchführung
Mehrere Taschenlampen, einige Teelichter für den Sammelraum, ein Glöckchen oder eine Triangel.

Pädagogische Hinweise
Das Verstecken sollte sehr schnell gehen, damit sich die Kinder nicht zu sehr verbergen können und dann das Suchen zu lange dauert. Es genügt, sich hinter die Tür zu stellen.
Das Spiel muß gut beaufsichtigt werden, damit sich niemand ängstigt. Zu berücksichtigen ist auch, daß das Dunkel dazu verführen könnte, jemandem etwas wegzunehmen. Taschen mit Geld werden deswegen zusammengetragen und extra bewacht.
Das Notlicht in den Fluren muß die Aktion nicht stören, hilft aber, sich zu orientieren. Im Sammelraum brennen ein paar Lichter, und falls das Suchen lange dauert, singen wir unterdessen Laternenlieder.

Verzeichnis der Spiele